कलम और तलवार के धनी
रहीम

कलम और तलवार के धनी

रहीम

(सरस्वती-उपासकों के उदार आश्रयदाता, हिन्दी, संस्कृत और फारसी के उत्कृष्ट कवि, कूटनीतिज्ञ तथा योद्धा अब्दुररहीम खानखाना के जीवन पर आधारित उपन्यास एवं रचनाओं का संग्रह)

प्रेमचन्द्र 'महेश'

वाणी प्रकाशन

वाणी प्रकाशन

4695, 21-ए, दरियागंज, नयी दिल्ली 110 002

शाखा

अशोक राजपथ, पटना 800 004

फ़ोन: +91 11 23273167 फ़ैक्स: +91 11 23275710

www.vaniprakashan.in
vaniprakashan@gmail.com

KALAM AUR TALWAR KE DHANI RAHEEM
by Premchandra 'Mahesh'

ISBN : 81-8143-284-3

Novel

संस्करण 1995, 2005

आवृत्ति 2012

मूल्य : ₹ 200

मेहरा ऑफ़सेट, नयी दिल्ली-110002 में मुद्रित

वाणी प्रकाशन का लोगो मक़बूल फ़िदा हुसेन की कूची से

उत्सर्ग

भारत के उन तपःपूत साहित्यकारों को जिन्होंने सांस्कृतिक ऐक्य को स्वर दिया है।

'भारतीय इतिहास में रहीम का स्थान तो इसलिए सुनिश्चित है कि उन्होंने अकबर की समान्य भारतीय जातीयता की नीति को कम-से-कम सांस्कृतिक क्षेत्र में पूर्ण किया।'

–यदुनाथ सरकार

१

आज से लगभग पाँच सौ वर्ष पूर्व भारतवर्ष में इतिहास-प्रसिद्ध मुगल-वंश का शासन था। उस समय इस वंश के विश्व-प्रसिद्ध सम्राट् जलालुद्दीन मोहम्मद अकबर की सारे भारतवर्ष में तूती बोलती थी। इस सम्राट् को इतिहास में 'अकबर महान्' के नाम से पुकारा जाता है। अकबर वास्तव में महान् गुणों की खान था। वह एक कुशल सेनापति था तभी तो वह मुगल-साम्राज्य का विस्तार कर सका। उसके बाहुबल का ही परिणाम था कि मुगल-साम्राज्य उत्तर में कन्धार तक, पूर्व में बंगाल की खाड़ी तक, पश्चिम में गुजरात तक तथा दक्षिण में नर्मदा तक फैल गया था। यद्यपि वह पढ़ा-लिखा नहीं था तथापि वह एक कुशल एवं उदार राजनीतिज्ञ था। उसने अपनी प्रजा में धार्मिक एकता का प्रचार करने के लिए 'दीने-इलाही' नामक धर्म को चलाया था। वह इस धर्म से एक ऐसे समाज का निर्माण करना चाहता था जिसमें धार्मिक अंधविश्वास, कलह एवं जातिगत संकीर्णता के स्थान पर सच्चे मानव धर्म को स्थान मिले। वह स्वयं मुसलमान था। परन्तु वह सब धर्मों के प्रति उदार था। अकबर की इस नीति से हिंदू और मुसलमानों में आपसी प्रेमभाव दिन दूना रात चौगुना बढ़ रहा था। उसके दरबार में हिंदू और मुसलमान दोनों ही ऊँचे-ऊँचे पदों पर नियुक्त थे।

एक दिन समाट् अकबर अपनी राजधानी फतहपुर सीकरी के दीवानेखास में बैठे थे। उनके सिंहासन के समीप नीचे की ओर मखमली बिछावन बिछा हुआ था। थोड़ी ही दूर पर प्रसिद्ध संगीतज्ञ तानसेन सिंहासन की ओर मुँह किये राग अलाप रहे थे। बिछावन से कुछ दूर पर अनेक मुसाहब[1], अंग-रक्षक तथा शाही नौकर हाथ बाँधे सावधानी से इधर-उधर खड़े हुए थे।

तानसेन का राग जब समाप्त हो चुका तब अकबर ने अपने सभी उपस्थित दरबारियों से कहा—"आज, मावदौलत[2] को इस बात को कहने का फख्र[3] हासिल है कि पूरे मुल्क में अमन और चैन है। मुझे यह देखकर भी बहुत अधिक खुशी होती है कि हिंदुस्तान में अब धर्म के नाम पर दंगे-फिसाद नहीं होते। हिंदू और मुसलमान दोनों में कोई भेदभाव नहीं किया जाता। हिंदुओं को अपने त्यौहारों रिवाजों वगैराह को मनाने में पूरी आज़ादी है। मुझे यह मुकम्मिल तौर[4] पर यकीन हो गया है कि जिन्हें हमारे पूर्वज काफिर समझते थे, उनके अन्दर इन्सानियत की उच्च भावनाएँ हैं। वे इन्सान हैं। उन्हें इन्सान के तरीके से जीने देने में हमें बाधक नहीं होना चाहिए। इसी से मैंने 'दीने-इलाही' को चलाया है। मैं समय-समय पर सभी धर्मों के विद्वानों को इबादतखाने[5] में बुलाता रहता हूँ। सबसे उनके धर्म की अच्छी-अच्छी बातें सुनता हूँ। मैंने जान लिया है कि सब

१—मुसाहब=राजदरबारी। २—मावदौलत=हम सम्राट्। ३—फख्र=गौरव।

४—मुकम्मिल तौर=पूरी तरह से। ५—इबादतखाना=पूजाघर।

धर्म अच्छे हैं। सब धर्मों के रास्ते अलग-अलग हैं पर मंजिल सभी की एक हैं। सब एक खुदा तक पहुंचते हैं।"

सम्राट् अकबर अपनी बात पूरी करके ही चुके थे कि दरबान ने दीवानेखास में प्रवेश किया और सिर झुकाकर कहा—"आलीजाह,[1] मिर्जाखाँ अब्दुररहीम गुजरात से वापिस आ गये हैं। वे आपकी खिदमत में हाजिर होना चाहते हैं।"

दरबान के द्वारा दी गयी इस सूचना को सुनकर सम्राट् अकबर के मुख-मण्डल पर प्रसन्नता आ बिराजी। उन्होंने दरबान को हुक्म देते हुए कहा—"हाँ, जाओ और मिर्जाखाँ अब्दुररहीम को सम्मानपूर्वक दरबार में हाजिर करो।"

दरबान के चले जाने पर सभी उपस्थित राज दरबारियों तथा अन्य व्यक्तियों की नजरें दीवानेखास के प्रवेश-द्वार की ओर जम गयीं। वे सभी मिर्जाखाँ अब्दुररहीम के दर्शनों की झलक पाने के लिए उत्सुक हो गये।

तभी मिर्जाखाँ अब्दुररहीम ने अपने कुछ मुसाहबों तथा अंग-रक्षकों के साथ दीवानेखास में प्रवेश किया। उनके समीप आते ही सम्राट् अकबर को छोड़कर शेष सभी सभासद अपने-अपने स्थान पर उठ खड़े हुए। सम्राट् और उनकी नज़रें मिलीं। दोनों प्रसन्न हो उठे। इसके बाद मिर्जाखाँ अब्दुररहीम ने सम्राट् अकबर के सिंहासन के समीप पहुँचकर एक घुटना टेक कर कोरनिस[2] की। तभी पीछे से आकर उनके नौकर ने सुन्दर ज़री के रेशमी कपड़े से ढका थाल उन्हें दिया। मिर्जाखाँ ने उस

१—आलीजाह=महाराज। २—कोरनिस=सिर झुकाना।

ढके थाल के कपड़े को उठाकर उसे अकबर के चरणों में अर्पित कर दिया। यह नज़राना[1] था जिसे वे गुजरात को विजय कर लौटते हुए सम्राट् अकबर के लिए लाये थे। सम्राट् अकबर ने उस थाल में रखे हुए हीरे, पन्ने, माणिक, मोती, नीलम, पोखराज, फीरोजे, मूंगे, गोमेद इन नवरत्नों को ध्यान से देखा। उन्होंने उस नज़राने को सहर्ष स्वीकार किया। इसके पश्चात् मिर्ज़ाखाँ अब्दुररहीम तेजी से दरबार में उपस्थित सभी दरबारियों के समीप गये। उन्होंने सबका अभिवादन किया। सभी ने मिर्ज़ाखाँ अब्दुररहीम को प्रेमपूर्वक गले लगाकर अपनी हार्दिक प्रसन्नता प्रकट की।

कुछ समय बाद सम्राट् अकबर ने हर्षमिश्रित स्वर में कहा—"मिर्ज़ाखाँ, अब तशरीफ रखिये।"

सम्राट् अकबर की आज्ञा पाते ही रहीम उनके समीप ही बिछे हुए मखमली बिछावन पर बैठ गये और फिर सभी उपस्थित सभासद भी अपने-अपने स्थानों पर बैठ गये।

सभा की चुप्पी को भंग करते हुए सम्राट् अकबर ने कहा—"मिर्ज़ाखाँ, तुम गुजरात से फतह हासिल करके आये हो। इसकी मुझे बेहद खुशी है। मैं तुम्हें इसके लिए मुबारकबाद[2] देता हूँ।"

सभी सभासदों ने इस पर हर्षध्वनि की। कुछ क्षणों के बाद मिर्ज़ाखाँ अब्दुररहीम अपनी जगह से उठ खड़े हुए और बाद-

१—नज़राना=भेंट, उपहार।

२—मुबारकबाद=धन्यवाद।

शाह सलामत[1] को सिर झुकाकर बोले—"जहाँपनाह[2], यह सब आपकी कृपा का फल है। यह विजय आपके आशीर्वाद का प्रताप है।"

रहीम की वाणी में विनम्रता थी। उन्हें विजय का गर्व छू तक न गया था। सम्राट् अकबर ने इसी बीच जिज्ञासा से पूछा—"हाँ, मिर्जाखाँ, तुमने गुजरात में एक साल पहले फतह हासिल की थी। माबदौलत तभी से तुमसे मिलने के लिए बेचैन थे। फिर हमें मालूम हुआ कि तुम हमसे मिलने के लिए चल पड़े हो। पर फिर भी तुमको हम कई महीनों बाद आज यहाँ देख रहे हैं। तुम हमसे दूर इतने दिन कहाँ रहे?"

सम्राट् अकबर के हर शब्द से प्रेम का भाव टपक रहा था। उनकी जिज्ञासा को शांत करते हुए रहीम ने कहा--"जहाँपनाह, हिन्दुस्तान विशाल देश है। प्रकृति के सुन्दर दृश्यों का यहाँ भरपूर खजाना है। गुजरात जीत लेने के बाद मैं उन प्रकृति के नजारों को देखने के लोभ को जीत न सका। इसलिए मैं फतहपुर सीकरी सीधे रास्ते से नहीं आया। मैंने रास्ते में पड़ने वाले प्रकृति के सुन्दर नज़ारों को जी भर के देखने की ठान ली थी। रास्ते में झरनों के कल-कल नाद तथा वनों में फैले वसंत के लुभावने प्राकृतिक दृश्यों को देखकर मेरा मन उनमें खो गया। मेरा मन वहाँ से चलने को होता ही नहीं था। मुझे वहाँ जो सुख मिला वह शायद जन्नत[3] में भी नसीब[4] न हो। आलीजाह ! पर क्या

१—बादशाह सलामत=सम्राट्।

२—जहाँपनाह=महाराज। ३—जन्नत=स्वर्ग। ४—नसीब=प्राप्त।

करूँ, कर्तव्य बुला रहा था। मुझे उन नज़ारों को छोड़कर यहाँ आना ही पड़ा। मैं तो इस मुल्क को अपनी मातृभूमि मानता हूँ। मेरे हृदय में हिंदी, हिंदू और हिंदुस्तान के प्रति अपार स्नेह है। मुझे हिंदुस्तान के कण-कण से प्यार है। मैंने यहाँ की प्राकृतिक सुन्दरता को अपने दिल के आइने में उतार लिया है। मेरा यहाँ देरी से आने का यही कारण है। मैं इस देरी के लिए माफी चाहता हूँ जहाँपनाह !"

इस पर सम्राट् अकबर ने रहीम से कहा—"माफी की कोई बात नहीं मिर्जाखाँ ! माबदौलत इस बात से खुश हैं कि तुमने केवल उन्नीस वर्ष की उम्र में गुजरात में शानदार जीत हासिल करके बेमिसाल काम किया है। आज मुझे यकीन हुआ कि तुम जैसे वीरों के होते हुए मुगलिया-सल्तनत की जड़ें पुख़्ता[1] हैं। और हाँ, तुम्हारे नज़राने के थाल में सजे नवरत्नों को मैंने देखा है। इससे मुझे एक बात सूझी है। मैं भी अपने दरबार में ऐसे ही नवरत्नों को सजाऊँगा। मेरे नवरत्न पत्थर के नहीं, हाड़ और माँस के बने हुए इंसान होंगे। मैं आज विजय की खुशी में अपने नवरत्नों की जमात के इन नामों की घोषणा करता हूँ—अबुलफज़ल, शेख फैजी, राजा बीरबल, टोडरलमल, संगीत-सम्राट् तानसेन, राजा मानसिंह, मिर्जा अब्दुररहीम खाँ, खाने आज़म कोका और मुल्ला दो प्याजा।"

सम्राट् अकबर की इस अपूर्व घोषणा को सुनकर सभी राजदरबारी हर्ष गद्गद् हो गये। सभी ने सम्राट् की इस नव-

१—पुख़्ता = मजबूत।

रत्न सभा का स्वागत किया। नवरत्नों ने भी खड़े होकर सम्राट् की इस महान् कृपा को सिर झुकाकर सहर्ष स्वीकार किया।

सभा में कुछ देर के लिए फिर शांति छा गयी। परन्तु यकायक वह भंग हो गयी। एक गुप्तचर ने सभा में प्रवेश किया। वह सम्राट् अकबर को सिर झुकाकर बोला—"आली-जाह, मिर्जाखाँ अब्दुररहीम का किया कराया काम मिट्टी में मिल गया है। गुजरात पर हुई हमारी विजय अब पराजय में बदलने वाली है। गुजरात का मुजफ्फर सुलतान जिसे हमने बंदी बनाया था, वह अब बंदीघर से भाग गया है। उसने फिर सेना एकत्रित कर ली है। वह गुजरात में फिर उत्पात मचाने लगा है। वहाँ की जनता उसके साथ है। अहमदाबाद मुजफ्फर सुलतान के हाथ आ चुका है।"

गुप्तचर के इस संदेश को सुनकर सभी सभासद और सम्राट् अकबर आश्चर्यचकित रह गये। रहीम ने अपने सारे किये कार्य पर पानी फिरते हुए देखा। वे चुप न रह सके। सम्राट् को सिर झुकाकर उन्होंने कहा—"जहाँपनाह, मैं इस खबर को पाकर होश में आ गया हूँ। मैंने पठानों पर विश्वास किया। सुलतान के पुराने हाकिमों ने मुझसे मुगल-सल्तनत के प्रति वफादार रहने की कसम खाई थी। मैंने मुजफ्फर सुलतान को बंदी बनाकर रखने की जगह पर पठानों के पहरेदारों के साथ ही शाही-सेना के सैनिक भी रखे थे। सुलतान को पकड़कर मैं जीत के नशे में चूर हो गया था। आज मुजफ्फर को भागने देने का कसूरवार मैं ही हूँ। मैंने राजकाज से एकदम छुट्टी-सी पा ली थी। अब मुझे ऐहसास हो रहा है कि अपने कर्तव्य से बेखबर

होने का क्या अंजाम[1] होता है। आप मुझे माफ़ करें। मेरे माथे पर लगे इस कलंक को मुझे खुद ही मिटाने दें।"

सम्राट् अकबर ने रहीम की क्षमा याचना से पूर्ण वाणी सुनी। वे कुछ निश्चय नहीं कर पाये और बोले—"हमारी खुशी अब रंजोगम[2] में बदलना चाहती है। यह सब क्या हो गया? हमें कुछ नहीं सूझ रहा है। हमने जब तुमको गुजरात भेजा था तब तुम्हारे वहाँ भेजे जाने पर राज्य के पुराने वफादारों ने इसका विरोध किया था। उन्हें तुम्हारी उन्नति काँटे की तरह चुभ रही थी। हमें तुम्हारी फतह पर यकीन था। पर यह अनचाही खबर हमारे कानों में क्यों पड़ी!"

इतना सुनकर मिर्जाखाँ अब्दुररहीम तिलमिला उठे। परन्तु उन्होंने धीरज नहीं खोया। वे शांत रहे। वे अपनी सफ़ाई दे ही चुके थे। अतः अब उनके पास कहने को भी कुछ न था। बस उनके मस्तिष्क में तो मुजफ्फर से एक बार फिर लोहा लेने की बातें घूम रही थीं। वे सम्राट् अकबर से अब गुजरात जाने का हुक्म भर चाहते थे। सम्राट् अकबर को चिंतित तथा रहीम को संकट में पड़ा देखकर राजा बीरबल बोले—"जहाँपनाह, चिन्ता की कोई बात नहीं है। सोना अग्नि में तपकर ही कंचन बनता है। कठिनाइयों में ही मनुष्य की परीक्षा होती है। आप मिर्जाखाँ अब्दुररहीम को विद्रोह शांत करने के लिए फिर गुजरात भेजिये। वे इस बार अवश्य ही शत्रु को धूल में मिला देंगे।"

१—अंजाम=परिणाम। २—रंजोगम=दुःख और पीड़ा।

राजा बीरबल का साहस और उत्साह से भरी बातों को सुनकर मिर्ज़ाखाँ अब्दुररहीम अपने स्थान से उठ खड़े हुए। उन्होंने म्यान से अपनी तलवार खींच ली। वे सम्राट् अकबर को सिर झुकाकर बोले—"जहाँपनाह, अब मुजफ्फर का सिर तलवार से कलम कर दिया जायेगा। मैंने मुजफ्फर पर रहम[1] करके अभी तक उसे मौत के घाट नहीं उतारा। उसे बंदी बनाकर ही रख छोड़ा था। पता नहीं वह कैसे चकमा देकर बंदीघर से भाग निकला है। अब वह जीता नहीं बचेगा। मैं इस तलवार की कसम खाता हूं कि गुजरात के विद्रोह को शांत किये बिना अब फतहपुर-सीकरी वापिस न लौटूंगा। मेरे वालिद मरहूम का कत्ल भी इन अहसान फरामोश[3] बेरहम पठानों ने ही किया था। उन्हें हज जाते समय मरवाया था। मेरे दिल में वह आग भी अब जल उठी है। बस, आप मुझे गुजरात के लिए दबारा हुक्म दें।"

सम्राट् अकबर को मिर्ज़ाखाँ अब्दुररहीम की बातों पर पूरा यकीन हुआ। उन्हें राजा बीरबल की बातों से भी बल मिला। सभी उपस्थित सभासदों ने भी मौन रहकर रहीम को दुबारा गुजरात भेजने की बात का समर्थन किया। इस पर सम्राट् अकबर ने मिर्ज़ाखाँ अब्दुररहीम से कहा—"मिर्ज़ाखाँ, तुम बहादुर हो। मुझे यकीन है कि फतह तुम्हारो होगी। खुदा तुम्हें कामयाबी बख्शे[4]।"

१—रहम=दया। २—वालिद मरहूम=स्वर्गीय पिता। ३—फरामोश=भूलने वाला। बख्शे=प्रदान करे।

इसके बाद मिर्जाखाँ अब्दुररहीम ने गुजरात पर चढ़ाई करने के लिए सम्राट् अकबर से बिदाई ली।

और, उस दिन से ही मुगल-सेना में युद्ध की ज़ोरदार तैयारियाँ होने लगीं। सैनिक तथा अफ़सर अपने अस्त्र-शस्त्रों को ठीक करने लगे। फिर एक दिन मिर्जाखाँ अब्दुररहीम ने सेना के साथ गुजरात की ओर कूँच कर दिया।

२

रहीम अपनी शाही सेना के साथ गुजरात पहुँचे। उन्होंने अपनी सेना अहमदाबाद से तीन मील दूर साबरमती नदी के उत्तरी किनारे पर ले जाकर रोक दी। साबरमती नदी की दूसरी ओर शत्रु की सेना थी। रहीम ने अपनी सेना को युद्धक्षेत्र में ठीक प्रकार से खड़ा किया। अवसर पाते ही शाही सेना ने शत्रु की सेना का तलवारों से स्वागत किया।

मुजफ्फर गुजरात की इंच-इंच भर भूमि से परिचित था। उसके सामने जीवन-मरण का प्रश्न था। उसे अपनी शक्ति पर विश्वास और भाग्य पर भरोसा था। वह अपनी पहली हुई हार का कलंक धोना चाहता था। उसकी सेना ने शाही सेना का डटकर मुकाबला किया। भयंकर मारकाट मच गयी। मुगल सेना के हौसले पस्त होने[1] लगे। वह उखड़ने लगी। यह देख

१—हौसले पस्त होना—जोश ठण्डा पड़ना।

रहीम के हाथों में पसीना आने लगा। परन्तु उन्होंने धीरज और साहस नहीं छोड़ा। खतरे की जगह उन्होंने खुद संभाल ली। युद्ध के मोर्चे की पहली कतार में पहुँचकर उन्होंने अपनी सेना के जोश को बढ़ाया। भागते सैनिकों का इससे हौसला दुगना हुआ। सेना की भगदड़ भी रुक गयी। सैनिकों ने फिर से अपने मोर्चे मजबूती के साथ संभाल लिये। वे पहले से अधिक जोश के साथ युद्ध करने लगे। इसके बाद शाही सेना के कभी भी पैर उखड़ते नहीं देखे गये।

युद्ध चलते हुए एक लम्बा समय बीत गया। हार-जीत का कोई निर्णय न हो सका। मुजफ्फर की सेना समुद्र के समान विशाल थी। उसकी सेना में चालीस हजार घुड़सवार और एक लाख पैदल सैनिक थे। दूसरी ओर मुगल फौज में सवार और पैदल सैनिकों की संख्या कुल मिलाकर दस हजार ही तो थी। परन्तु शाही फ़ौज जहां अस्त्र-शस्त्रों से पूरी तरह से सुसज्जित थी वहाँ उसे रहीम जैसे वीर, योद्धा और कुशल सेनापति का बल प्राप्त था। अतः इस भयंकर युद्ध में अपने मोर्चे पर डटी रही।

रहीम यह बात जानते थे कि मुजफ्फर पर विजय प्राप्त करना कोई हँसी-खेल नहीं है। सैनिकों की संख्या बढ़ाने के लिए उन्होंने मालवा प्रदेश के अमीर को भी सेना भेजने का संदेश भेजा। परन्तु मालवा के अमीर ने सेना भेजने में असमर्थता प्रकट की। रहीम अब जान गये थे कि उनकी इज्जत और उनके भविष्य की कसौटी यही युद्ध है। वे अब इस युद्ध को अधिक समय तक नहीं बढ़ाना चाहते थे। अतः एक दिन बैठकर

उन्होंने अंतिम रूप से युद्ध करने की योजना बना डाली।

शाही सेना में दौलतखाँ लोदी नाम का एक सरदार था। वह रहीम का विश्वासपात्र था। बूढ़ा होने के कारण वह रहीम को बेटे की भाँति प्यार करता था। गुजरात के बीहड़ घने जंगलों से वह भय खाता था। उसके मन में न जाने कैसे यह बात बैठ गयी थी कि मुज़फ्फर शाही सेना को बीहड़ जंगलों में फँसाकर बेमौत मार देगा। अतः वह रहीम से बोला—"हुजूर, गुजरात के घने बीहड़ जंगलों में दलदल है। खूंखार[1] जंगली जानवर वहाँ रहते हैं। यदि शाही सेना मुजफ्फर की सेना का पीछा करते-करते उन भयानक जंगलों में घुस जाये तो आप वहाँ से एकदम पीछे लौट आयें। हम आपको मेहनत कर खोज लेंगे। आपकी जान हम सब से बेशकीमती है। आपका जिन्दा रहना मुगलिया सल्तनत के लिए बहुत जरूरी है। आप हमारी चिन्ता न करें। हार-जीत तो जीवन में लगी ही रहती है। यदि आप इस बार हार गये तो फिर दुबारा जीत जायेंगे।"

उस बूढ़े सरदार की कायरता से भरी बातों को सुनकर रहीम को बहुत क्रोध आया। पर वे उसे अपना बुजुर्ग[2] समझ-क्रोध को पी गए और बोले—"सरदार दौलतखाँ, कायरता की बातें मत करो। गुजरात में हार जाने की बनिस्बत[3] मैं मर जाना अच्छा मानता हूँ। सारी सेना को युद्ध में झोंककर खुद जीवन के लोभ में पीछे भाग आने को मैं नीचता और विश्वासघात

१—खूंखार=भयंकर। २—बुजुर्ग=बड़ा। ३—बनिस्बत=मुकाबले में।

समझता हूँ। हार जाने पर तुम मुझे युद्ध क्षेत्र में पड़े लोथों में ढूंढ़ना। यदि तुम्हें प्राण प्यारे हों तो तुम अभी युद्धभूमि से घर जा सकते हो।"

रहीम की ओजस्विनी वाणी को सुनकर बूढ़े सरदार दौलतखाँ के मन के कपाट खुल गये। उसका जीवन के प्रति मोह का भाव मिट गया। वह रहीम से याचना करता हुआ बोला—"हुजूर, मुझे माफ करें। मैंने जीवन भर मुगल-साम्राज्य का नमक खाया है। मैं अब नमक हलाली ही करूँगा। मेरे प्राण अब साम्राज्य की रक्षा के लिए समर्पित हैं।"

रहीम उसकी बात सुनकर मुस्करा उठे। वे तुरन्त ही गम्भीर होकर बोले—"मेरे बुजुर्ग, तुम समझदार हो। मैं तुमसे क्या कहूँ। परन्तु याद रखो, जब तक पुरुष में शक्ति है, बल है तभी तक संसार उसके सामने झुकता है; आकाश को चूमने वाले पर्वत उसको सिर झुकाते हैं। शेर उसका मार्ग नहीं रोकता और जन्नत[1] का राजा इन्द्र भी आगे बढ़कर उसका स्वागत करता है।" और रहीम के उत्साहवर्धक शब्दों से दौलतखाँ उत्तेजित हो उठा। उसने फिर कभी भी कायरता का परिचय नहीं दिया। वह मरते दम तक शत्रु पर भूखे सिंह की भाँति टूटता रहा।

इसके बाद रहीम ने सरदार दौलतखाँ तथा अन्य सरदारों के साथ मिलकर दूसरे दिन प्रातःकाल से ही युद्ध छेड़ देने की योजना निश्चित कर ली।

× × ×

१—जन्नत = स्वर्ग।

प्रातःकाल का समय था। आकाश में उषा की लाली फैली हुई थी और यत्र-तत्र तारे भी चमकते हुए दिखलायी पड़ रहे थे। सारी मुगल-सेना अपने-अपने शिविरों में सोयी पड़ी थी। उनके शिविर के बाहर घोड़े आदि बँधे थे। सभी जगह शांति थी। कुछ शिविरों में सैनिक फजर की नमाज़[२] पढ़ रहे थे।

धीरे-धीरे दिन निकल आया। आकाश में सूरज अपने प्रकाश की किरणें बिखेरता हुआ चढ़ने लगा। सूरज की किरणों की गर्मी के साथ-साथ मुगल-सेना की हलचल में भी गर्मी आयी। कुछ समय बाद सभी सैनिक युद्ध के लिए तैयार हो गये। रहीम ने अपने शिविर से फुर्ती से निकलकर सेना के सरदारों को जरूरी हिदायतें[३] दीं। सभी सरदार हिदायतों के अनुसार अपने-अपने घोड़ों पर सवार होकर सेना में इधर-उधर बिखर गये। सेना को व्यवस्थित रूप में खड़ा करने लगे। तभी सारी सेना के युद्ध करने के लिए तैयार खड़ी होने की सूचना रहीम को मिली। उन्होंने सारी सेना का निरीक्षण किया। फिर पहले से निश्चित योजना के अनुसार थोड़ी ही देर में सारी सेना साबरमती नदी को पार करके उसके दूसरे किनारे पर जा पहुँची।

काफ़ी लम्बे समय से युद्ध न होने के कारण मुजफ्फर की सेना में आलस्य की भावना घर कर गयी थी। उसके अधिकांश सैनिक छुट्टी लेकर अपने-अपने घरों को जा चुके थे। मुजफ्फर

२—फजर की नमाज़=सुबह के समय पढ़ी जाने वाली नमाज़।

३—हिदायत=आदेश।

ने अपनी सेना को साबरमती नदी के किनारे से हटाकर अन्दर की ओर तीन-चार मील दूरी के फासले पर रख छोड़ा था। उसके गुप्तचर भी एकदम बेफ़िक्र थे। उन्हें निकट भविष्य में युद्ध छिड़ जाने की कतई शंका नहीं थी। उन सबको यही सूचना मिल रही थी कि मुगल-सेना में जबतक फतहपुर सीकरी से और अधिक सैनिक नहीं आ जाते तब तक युद्ध हो ही नहीं सकता। फतहपुर सीकरी से मिलने वाली सहायता में अभी बहुत देर थी। गुप्तचर यही सूचना अपने सुलतान मुजफ्फर को भेजते जा रहे थे। किन्तु उनका अनुमान गलत निकला। मुगल-सेना ने जब साबरमती नदी को पार कर लिया तब उसकी आँखें खुली। वे भागकर अपने सुलतान के पास गये और मुगल-सेना के चढ़ आने की सूचना दी।

गुप्तचरों की सूचना पाकर सुलतान मुजफ्फर चिन्तित हुआ। पर उसने सोचा कि यदि उसकी चिन्ता का भाव उसके सैनिकों पर प्रकट हो जाता है तो उनके बिना युद्ध किये ही हौसले पस्त हो जायेंगे। अतः वह घमण्ड के साथ बोला—"आने दो मुगल-सेना को! हम उसके दांत खट्टे कर देंगे। मुगल-सैनिक हमसे संख्या में बहुत कम हैं। वे विलासी हैं। हमारे सैनिक उन्हें चींटी की तरह मसल देंगे। सम्राट् अकबर ने रहीम को खत्म करने के लिए ही यहाँ भेजा है। तभी तो उसने रहीम के माँगने पर और सैनिक सहायता नहीं भेजी। मालवा का अमीर भी रहीम को अपने मार्ग का काँटा समझता है। इसलिए उसने भी कोई सहायता नहीं दी।" इतना कहकर वह ज़ोर से ठहाका मारकर हँस पड़ा।

हँसने के बाद उसने अपने सैनिकों को युद्ध के लिए तैयार होने का आदेश दिया। बेखबर पड़ी पठान सेना हड़बड़ाकर उठी। उसके सैनिकों ने अस्त-व्यस्त पड़े अपने युद्ध के साज-समान को तेजी के साथ सँवारा। पठान-सैनिक एकत्रित होकर युद्धभूमि में आ डटे।

दोनों ओर की सेनाएँ आमने-सामने आकर खड़ी हो गयीं। रहीम ने अपनी सेना के पूरी तरह से व्यवस्थित होते ही बिगुल बजा दिया। बिगुल बजते ही सैनिकों ने 'अल्ला हो अकबर'[१] का जयघोष किया और वे अपना रण-कौशल दिखलाने लगे।

घमासान युद्ध छिड़ गया। तलवारें झनझनाने लगीं। वीर सैनिकों की तलवारें शत्रु की सेना पर बिजली की भाँति गिरकर कहर[२] बरसाने लगीं। लाशें बिछने लगीं। देखते ही देखते खून की नदी बह चली। पर दोनों ओर से कोई थका नजर नहीं आया। रहीम ने अपने सैनिकों का हौसला बढ़ाया। वे उनके पास जा-जाकर उनमें से बहुतों की पीठ थपथपाने लगे। किसी सैनिक के साथ मिलकर युद्ध करने लगे। इससे सैनिकों का साहस दुगुना हो गया। देखते ही देखते सारा मैदान सिरों और धड़ों से पट गया। हाथी, घोड़े भी कट-कटकर गिरने लगे। हाथियों की चिग्घाड़ों, घोड़ों की हींस, सैनिकों के युद्ध-बोल और घायलों के कराहने की ध्वनि सारे आकाश में छा गयी। खून में डूबे सिर और धड़ ऐसे लगते थे मानों टेसू के फूलों के रस से भरे लबालब घड़े रणक्षेत्र में लाकर बिखेर दिये गये हों।

१—अल्लाहो अकबर = ईश्वर महान् है। २—कहर = प्रलय।

बात की बात में शत्रु पठान-सेना के पैर उखड़ गये। सारी सेना तितर-बितर होकर भागने लगी। बहुत सारे सैनिक बंदी बना लिये गये। बहुत से जान बचाकर भागते हुए सैनिक मौत के घाट उतार दिये गये। रहीम ने भागते हुए मुजफ्फर सुलतान का पीछा किया।

मुजफ्फर सुलतान अपने प्राणों को बचाने के लिए घने सूने जंगलों की ओर भाग निकला। रहीम अन्य सरदारों के साथ उसका पीछा करते रहे। अन्त में वह खम्भात की खाड़ी की दल-दल में घुस गया। वह क्षेत्र प्राणों के लिए खतरे से खाली न था। वहाँ जाकर लौट आना असम्भव था। रहीम उसे वहाँ प्राण-रक्षा के लिए भटकते हुए छोड़ आये।

युद्धक्षेत्र से लौटकर आने पर रहीम का अपूर्व स्वागत हुआ। सारी सेना ने 'अल्लाहो अकबर', 'मिर्जाखाँ अब्दुररहीम की जय' की जय-ध्वनियों से सारे आकाश को गुँजा दिया। विजय की खुशी में रहीम ने अपनी सारी सम्पत्ति को, जिसका मूल्य लग-भग पचहत्तर लाख रुपया था, सैनिकों में बाँट दी। उन्होंने सेना के साथ अहमदाबाद के शाही महल में प्रवेश किया।

× × ×

गुजरात में शांति और व्यवस्था स्थापित करने में रहीम ने जी-जान एक कर दी। वे गुजरात को आदर्श प्रदेश बनाने में लग गये। जनता के दुःख-दर्द को जानने के लिए रहीम खुद भेष बदल कर महलों से बाहर गली-गली, कूंचे-कूंचे में घूमा करते थे। वे जनता की शिकायतों को जानने के लिए खुद उनके बीच में जाते थे और उन्हें तुरन्त दूर करने का प्रयत्न किया करते।

एक दिन रहीम प्रजा की शिकायतों को सुनने के बाद अपनी पालकी में बैठकर अपने महल की ओर जा रहे थे। रास्ते में किसी व्यक्ति ने रहीम की पालकी में लोहे की पंसेरी डाल दी। उस व्यक्ति को शरीर-रक्षकों ने तुरन्त पकड़ लिया। रहीम उस लोहे की पंसेरी की चोट से बाल-बाल बच गये। अपराधी के पकड़े जाने की सूचना रहीम को मिल ही चुकी थी।

महल में पहुँचकर रहीम ने अपने शरीर-रक्षकों को बुलाकर कह—"जानते हो उस आदमी ने हमारी पालकी में लोहे की पंसेरी क्यों डाली थी?"

इस पर एक शरीर-रक्षक ने उत्तर दिया—"हुज़ूर, आपके प्राण लेने के लिए।"

इस उत्तर को सुनकर रहीम मुस्कुराये और बोले—"नहीं, ऐसी बात नहीं। उस व्यक्ति ने हमको पारस समझकर अपने लोहे को छुआना चाहा था। पारस से छू जाने पर लोहा सोना बन जाता है। अतः उसे पाँच सेर लोहे के स्थान पर पाँच सेर सोना देकर मुक्त कर दो।"

शरीर-रक्षक अपने मालिक के इस महान् दयाभाव पर मुग्ध हो गये। वे सोचने लगे कि हमारे मालिक रहीम जहाँ तलवार के धनी हैं वहाँ भावुक और दयावान भी हैं। वे अपकार के बदले उपकार करना ही जानते हैं।

× × ×

दिन बीत चले। गुजरात में सुख-शांति स्थिर होने लगी। गुजरात की जनता के हृदय में रहीम की उदारता, शौर्य और दान-वीरता की अमिट छाप अंकित हो गयी। रहीम के संबंध में

अनेक कहानियाँ कही जाने लगीं। वहाँ रहीम 'कलियुग के कर्ण' के रूप में प्रसिद्ध हो गये। उनका द्वार गरीब-अमीर सभी के लिए रात-दिन खुला रहता था। रहीम में तनिक भी अहंकार का भाव नहीं आया। वे सदा परोपकार में लगे रहे।

गर्मी के दिन थे। भूख-प्यास से व्याकुल, फटे-पुराने वस्त्र पहने एक दरिद्र ब्राह्मण रहीम के द्वार पर आया। वह दरबान से बोला—"जाकर अपने मालिक से कहो कि आपका साढ़ू आपसे मिलने को आया है।"

दरबान पहले तो उस दीन-हीन ब्राह्मण की दशा को देखकर मुस्कुराया। पर, तुरन्त ही वह रहीम के पास जाकरबोला —"मालिक, बाहर द्वार पर खड़ा एक दरिद्र ब्राह्मण आपसे मिलना चाहता है। वह खुद को आपका साढ़ू बतला रहा है।"

रहीम के कोई साढ़ू नहीं था। वे दरबान के इस समाचार को सुनकर पहले तो अचकचाये। परन्तु तुरन्त ही उन्होंने दरबान को हुक्म देते हुए कहा—"जाओ, उस ब्राह्मण को सम्मान सहित हमारे महल में लिवा लाओ।"

दरबान के साथ वह ब्राह्मण उपस्थित हुआ। वह रहीम के शाही ठाठ-बाट को देखकर चकाचौंध रह गया। उसे अपने कहे वाक्य पर अब लज्जा का अनुभव हो रहा था। रहीम ने उस के संकोच और लज्जा के भाव को ताड़ लिया। वे उस ब्राह्मण से प्रेमपूर्वक बोले—"साढ़ू साहब, आप संकोच को छोड़ दें। यहाँ आराम से रहें। यह घर आप ही का है। सुदामा के इस गुजरात प्रदेश में आप जैसा साढ़ू पाकर मैं धन्य हूँ।"

अब वह दरिद्र ब्राह्मण पानी-पानी हो गया। वह दबे स्वर

साढ़ू का स्वागत सत्कार

में बोला—"सेनापतिजी, आप मुझे लज्जित न करें। मैं अनजाने में ही न जाने क्या कह गया। मैं आपके दर्शन करने को उत्सुक था। वह आज मुझे मिल गये। अब मुझे जाने की आज्ञा दें।"

इधर रहीम ने अपने मुसाहब को बुलाकर कहा—"देखो, ये हमारे साढ़ू हैं। इनका खूब स्वागत-सत्कार करो। इन्हें किसी प्रकार का कष्ट न हो।"

उस बेचारे ब्राह्मण से अब न रहा गया। वह बोला—"सेनापति जी, आप मुझे अपना साढ़ू न कहें। मुझे अपने कहे पर पश्चात्ताप हो रहा है। मैं लज्जित हूँ, शर्मिन्दा हूँ। आशा है आप मुझे क्षमा करेंगे।"

पास खड़े मुसाहब और अंग-रक्षक भी आश्चर्य-चकित होकर यह जानने के लिए उत्सुक थे कि वह दरिद्र ब्राह्मण कौन है? रहीम उसके बार-बार मना करने पर भी उसे साढ़ू क्यों कहे जा रहे हैं। अब रहीम खिलखिला कर हँसे। उन्होंने सभी की जिज्ञासा को शांत करते हुए मधुर स्वर में कहा—"ब्राह्मण देवता, आप हमारे साढ़ू हैं। आप लज्जित न होवें। डरें भी नहीं। कभी-कभी अनजाने में बनाये गये संबंध सत्य ही होते हैं। देखो, सम्पत्ति और दरिद्रता दो बहने हैं। सम्पत्ति हमारे घर में है और दरिद्रता आपके घर में। अतः हम इस प्रकार से आपके साढ़ू हैं।"

इतना सुनते ही वह ब्राह्मण हर्ष से गद्‌गद् हो गया। उसके नेत्रों से प्रेम के आँसू बह निकले। 'कृष्ण-सुदामा' की मैत्री उसकी कल्पना में साकार हो आयी। सभी उपस्थित अन्य सभासद भी रहीम की इस अपूर्व महानता की मन-ही-मन प्रशंसा करने लगे।

तत्पश्चात् रहीम नें उस ब्राह्मण का खूब स्वागत-सत्कार करके आदर सहित बिदा किया।

गुजरात में पूरी तरह से शांति स्थापित कर एक दिन रहीम राजदरबार में उपस्थित होने के लिए फतहपुर सीकरी की ओर चल दिये।

३

गुजरात की विजय के समाचार को आये काफी दिन बीत चुके थे। सम्राट् अकबर तथा अन्य दरबारी लोग अभी तक उस के विजेता मिर्ज़ाखाँ अब्दुररहीम के दर्शन नहीं कर पाये थे। एक दिन सम्राट् को समाचार मिला कि अब्दुररहीम फतहपुर सीकरी आ रहे हैं। इस समाचार के पाते ही वे फूले न समाये। उन्होंने एक दिन रहीम के स्वागत के लिए विशेष दरबार का आयोजन किया। फतहपुर सीकरी को खूब सजाया गया। सुबह से ही लोग राजदरबार में आकर जमा होने लगे। सभी के नेत्र रहीम के दर्शन करने के लिए उतावले हो रहे थे।

तभी दरबान ने कोरनिस कर सम्राट् अकबर से निवेदन किया—"आलीजाह, मिर्ज़ाखाँ अब्दुररहीम राजदरबार में उपस्थित होना चाहते हैं।"

सम्राट् अकबर ने दरबान को आदेश देते हुए कहा—"मिर्ज़ा खाँ को सम्मान सहित दरबार में हाज़िर करो।" और थोड़ी ही देर में मिर्ज़ाखाँ अब्दुररहीम ने अपने मुसाहबों तथा अंग-रक्षकों

के साथ राजदरबार में प्रवेश किया।

रहीम को गुजरात विजेता के रूप में दरबार में प्रवेश देखकर खुशी की लहर दौड़ गयी। सम्राट् अकबर को छोड़कर बाकी सभी लोग उनके सम्मान में अपने-अपने स्थान पर उठ खड़े हुए। रहीम सम्राट् अकबर के सिंहासन की ओर आगे बढ़े। उन्होंने सिंहासन के समीप पहुँचकर घुटने टेककर समाट् अकबर को कोरनिस की। उनके पीछे खड़े मुसाहब ने नज़राने के लिए लाया गया रत्नों से भरा थाल उनके हाथों में सौंप दिया। रहीम ने चमकते रत्नों के उस थाल से कपड़े को उतार कर उसे सम्राट् अकबर के चरणों के समीप रख दिया। इसके बाद वे उठ खड़े हुए और सभी प्रमुख सभासदों के पास जा-जाकर उनसे गले मिले और प्रेमपूर्वक बातें करने लगे।

उसे देखकर सम्राट् अकबर के मस्तिष्क में भी भूतकाल की बीती घटनायें घूमने लगीं। उन्हें स्मरण हो आया—"आज से लगभग पन्द्रह वर्ष पूर्व मिर्जाखाँ अब्दुररहीम के पिता खानखाना बैरमखाँ का हज करने के लिए मक्का जाते समय गुजरात के पठानों ने कत्ल कर दिया था। बैरमखाँ मेरा संरक्षक था। वह मुगल-साम्राज्य का सर्वोच्च पदाधिकारी और सबसे अधिक शक्तिशाली स्तम्भ था। अपने जीवन के अंतिम दिनों में वह बागी हो गया था। अन्त में उसे मैंने हराया था। हारने पर उसने मुझसे हज करने के लिए मक्का जाने की आज्ञा मांगी थी। उसके कत्ल होने के समय यह रहीम चार वर्ष का अबोध बालक था। मुझे इस पर रहम आया। इसकी माता की मृत्यु पहले ही हो चुकी थी। मैंने ही इसकी शिक्षा-दीक्षा का भार अपने ऊपर लिया था।

मेरा राजदरबार इसका सच्चा स्कूल रहा। फिर थोड़े समय के बाद इसे मिर्ज़ाखाँ की उपाधि से विभूषित किया था। यह तेज बुद्धि वाला था। फिर इसका विवाह खानेआज़म कोका की बहिन और अपनी धाया जीजी की बेटी माहेबानू ने कराया। आज वही बालक रहीम इतना बड़ा हो गया है। जहाँ उसके पिता का कत्ल हुआ था, वहीं की जमीन ने उसे आगे बढ़ाया है। भविष्य में यह और अधिक उन्नति करेगा।' इस प्रकार के विचार एक के बाद एक करके सम्राट् अकबर के मस्तिष्क में लगातार आते रहे। बैरमखाँ की घटनाओं की याद आते ही वे एक क्षण के लिए बेचैन हो गये थे। परन्तु तुरन्त ही उन्होंने अपने पर काबू पाकर प्रसन्नता ही प्रकट की।

जब रहीम सभी प्रमुख सभासदों से मिल चुके तब सम्राट् अकबर ने कहा—"मिर्जाखाँ, तशरीफ रखिये। और सब लोग भी बैठ जायें। माबदौलत को गुजराज के विजेता का स्वागत करने में निहायत खुशी हो रही है। मिर्जाखाँ की फतह ने मुझे आज उनके वालिद मरहूम के अनेक दास्तान[1] तरोताज़ा[2] कर दिये हैं। मैं इस फतह पर मिर्जाखाँ को मुबारकबाद देता हूँ।"

रहीम विनम्रता की मूर्ति थे। वे सम्राट् अकबर के इस जोश भरे स्वागत भाषण को सुनकर गद्गद् हो गये। अपने स्थान पर खड़े होकर सम्राट् अकबर को सिर झुकाकर वे बोले—"जहाँपनाह, यह सब आपकी कृपा से हुआ है। इस फतह में खुदा ने मेरी लाज रख ली है।"

१—दास्तान=किस्सा। २—तरोताज़ा=फिर से याद दिलाना।

रहीम की हद दर्जे की विनम्रता और नेकनियती ने सम्राट् अकबर के हृदय पर जादू का सा असर किया। वे तुरन्त ही सिंहासन से खड़े होकर बोले—"सभी सुनें, मैं अपने नवरत्नों की जमात में से एक मिर्जाखाँ अब्दुररहीम को इस खुशी के मौके पर इनके वालिद बैरमखाँ को मिली 'खानखाना'[1] की पदवी इन्हें बख्शाता हूँ। इन्हें 'पंच हजारी मनसबदारी' भी देता हूँ।"

इतना कहकर सम्राट् अकबर अपने सिंहासन पर बैठ गये। रहीम ने सिर झुकाकर सम्राट् अकबर द्वारा प्रदान किये गये सम्मान तथा पद को स्वीकार किया। सभी सभासदों ने इस घोषणा पर अपार हर्ष प्रकट किया।

सम्राट् अकबर ने फिर कहा—"गुजरात की जनता की दिली ख्वाहिश[2] है कि मिर्जाखाँ अब्दुररहीम खानखाना ही उसके सूबेदार बनाये जायें। मैं गुजरात की जनता की इस दिली ख्वाहिश की कद्र करता हूँ। मिर्जाखाँ अब्दुररहीम खानखाना अबसे गुजरात के सूबेदार होंगे। सय्यद अहमदखाँ उनकी राजकाज में सहायता करेंगे।"

इस दूसरी घोषणा के होते ही मिर्जाखाँ अब्दुररहीम खानखाना ने खड़े होकर फिर सिर झुकाकर अपनी स्वीकृति प्रदान की और सभी सभासदों ने इस पर हर्षध्वनि की।

इसके बाद सभा में कुछ देर तक शान्ति रही। शान्ति को भंग करते हुए राजा बीरबल अपने स्थान से उठे और सिर झुकाने के बाद बोले—"जहाँपनाह, अभी तक आप मिर्जाखाँ अब्दुररहीम

१—खानखाना=सेनापति। २—दिली ख्वाहिश=हृदय की इच्छा।

विजेता का स्वागत

खानखाना की वीरता से ही परिचित हैं। आप यह जानकर आश्चर्य करेंगे कि ये अच्छे कवि भी हैं। इनकी रचनायें मैंने सुनी हैं। ये तलवार और कलम दोनों के धनी हैं। इन्होंने ग्यारह वर्ष की अवस्था से ही कविता करना शुरू कर दिया था।"

सम्राट् अकबर को स्वयं भी हिंदी भाषा में कविता करने का शौक था। वे गुणियों का आदर करना जानते थे। उनके दरबार में हिन्दी के कई कवि थे। इस समाचार ने उनके हर्ष को और भी अधिक बढ़ा दिया। वे बोले—"राजा बीरबल जी, आपकी इस सूचना के लिए मैं आपका शुक्रिया अदा करता हूँ। मिर्जाखाँ अब्दुररहीम खानखाना तो अनेक गुणों की खान हैं। उन्होंने पता नहीं आज तक किस कारण से मुझ से इस गुण को छिपाये रखा।"

"आलीजाह, मैं कवि नहीं हूँ। मेरी कविता तो तुकबन्दी मात्र है।" रहीम ने अपनी बात स्पष्ट करते हुए कहा।

"तो मिर्जाखाँ, आज इस खुशी के अवसर पर तुम्हें अपनी कविता सुनानी पड़ेगी।" सम्राट् अकबर ने रहीम से आग्रह किया।

रहीम ने सम्राट् अकबर को सिर झुकाकर कहा—"जहाँ-पनाह, एक सवैया खिदमत में पेश करता हूँ। इसका मुख्य भाव है कि खुदा जिन पर मेहरबान होता है उनको संसार में हर प्रकार की सुख-शांति घर बैठे मिल जाती हैं—

दीन चहैं करतार जिन्हें सुख सो तो 'रहीम' टरे नहिं टारे।
उद्यम पौरुष कीने बिना धन आवत आपुहिं हाथ पसारे॥

दैव हँसें अपनी अपनी बिधि के परपंच न जात बिचारे।
बेटो भयो बसुदेव के धाम औ दुंदुंभि बाजत नंद के द्वारे ॥"

रहीम ने मधुर और मोहक कण्ठ से इस सवैये को पढ़कर सभी सभासदों को मंत्रमुग्ध कर लिया। सम्राट् अकबर ने रहीम के काव्य की भूरि-भूरि प्रशंसा की। इसके बाद वे संगीत सम्राट् तानसेन से बोले—"संगीत-सम्राट् तानसेन जी, आप भी इस अवसर पर कोई गाना सुनाइये।"

तानसेन ने उठकर पहले सम्राट् को शीश झुकाया और फिर कहा—"आलीजाह, दरबारी (कान्हरा) राग में भक्तवर सूरदास जी का पद खिदमत में पेश है—

"जसुदा बार-बार यों भाखै।
है कोउ ब्रज में हितू हमारो, चलत गुपालहिं राखै ॥…"

सम्राट् अकबर कला के पारखी भी थे। वे कभी-कभी कविता के मर्म को समझने के लिए दरबार में समस्याएँ भी प्रस्तुत किया करते थे। राग के पूरा होते ही उन्होंने तानसेन से पूछा—"तानसेन जी, इस पद में 'बार-बार' का क्या अर्थ है?"

उत्तर में तानसेन बोले—"आलीजाह, इस पद में 'बार-बार'

---

१. इस सवैये का अर्थ इस प्रकार है—

रहीम कहते हैं कि जिन्हें भगवान सुख देना चाहे उनका सुख किसी के टाले नहीं टलता। उनके पास बिना उद्यम और मेहनत किये बिना धन स्वयं ही हाथ पसार कर आता है। भाग्य भी स्वयं अपनी करतूत पर आप हँसता है। ब्रह्मा की ये लीलाएँ बिचारी नहीं जा सकतीं। पुत्र तो वसुदेव के यहाँ हुआ और शहनाइयाँ तथा आनन्द बधाइयाँ नन्द के घर पर गायी गयीं।

का अर्थ है 'बारम्बार'।"

इसके बाद सम्राट् अकबर ने शेख फैजी से कहा—"फैजी साहब, आप भी इस पर रोशनी डालें।"

शेख फ़ैजी ने कहा—"जहाँपनाह, 'बार-बार' का अर्थ रोना है। अर्थात् यशोदा रो-रो कर कहती है।"

अब सम्राट् अकबर की नजर राजा बीरबल पर जा टिकी। उन्होंने कहा—"राजा बीरबल जी, आप भी इसका अर्थ बतलाइये ?"

राजा बीरबल ने उस पंक्ति का विचित्र अर्थ करते हुए कहा—"जहाँपनाह, इस पद में 'बार-बार' का अर्थ द्वार-द्वार है। अर्थात् यशोदा द्वार-द्वार जाकर यह कहती फिरती हैं।"

खाने आज़म कोका से जब पूछा गया तो वे बोले—"आलीजाह, 'बार-बार' का अर्थ दिन-दिन है। अर्थात् यशोदा प्रतिदिन यह कहती रहती है..."

अंत में सम्राट् अकबर ने रहीम से पूछा—"खानखाना, तुम इस शब्द का क्या अर्थ करते हो ?"

रहीम ने तुरन्त उत्तर दिया—"आलीजाह, मेरे विचार से 'बार-बार' का अर्थ यहाँ बाल-बाल अर्थात् रोम-रोम है। अर्थात् यशोदा का रोम-रोम यह कह रहा है..."

सम्राट् अकबर ने रहीम से ही फिर प्रश्न पूछा—"मिर्जाखाँ, इसका क्या कारण है कि सबने 'बार-बार' के अर्थ भिन्न-भिन्न किये ?"

खानखाना ने विनयपूर्वक कहा—"जहाँपनाह, कवि अपनी चतुरता से कविता में ऐसे शब्द रख देता है जिसके अर्थ अनेक

होते हैं। प्रत्येक मनुष्य की रुचि भिन्न होती है। अतः प्रत्येक मनुष्य अपनी-अपनी रुचि के अनुसार उसके अर्थ करता है। इसी से तानसेन गवैया हैं, इन्हें आपके दरवार में दरबारी गाने के लिए एक पद को बार-बार अलापना पड़ता है। इस कारण इन्होंने 'बार-बार' का अर्थ अनेक बार किया। शेख़ फ़ैजी शायर हैं, वे रोने-धोने के सिवाय और क्या जानें? राजा बीरबल ब्राह्मण ठहरे। ब्राह्मण घर-घर घूमते हैं। इस कारण इन्होंने 'बार-बार' का अर्थ द्वार-द्वार किया। खानेआज़म कोका ज्योतिषी हैं, उन्हें इसका अर्थ तिथि और बार समझ में आया। पर इसका वास्तविक अर्थ वही है जो मैंने किया है।

खानखाना के द्वारा की गयी इस व्याख्या को सुनकर हँसी की लहर दौड़ गयी। सम्राट् अकबर भी ठहाका मारकर जोर से हँस पड़े। उस दिन से सम्राट् अकबर तथा सभासदों के मन में रहीम की काव्य प्रतिभा की धाक जम गयी।

४

गुजरात के सूबेदार बनने के बाद रहीम अहमदाबाद में रहने लगे। यहाँ आकर रहीम ने शान्ति का अनुभव किया। उनके हृदय में भगवान श्रीकृष्णचन्द्र के प्रति पहले से ही श्रद्धाभाव था। यह श्रद्धाभाव धीरे-धीरे दृढ़ होने लगा। उन्होंने अपने नेत्रों के रास्ते कृष्ण की मूर्ति को अपने हृदय में बसा लिया

था। अब वे कृष्ण-भक्ति में पग गये। परन्तु उन्होंने अपना धर्म नहीं छोड़ा। वे नमाज पढ़ने के साथ-साथ कृष्ण की भक्ति भी श्रद्धा के साथ किया करते थे। उन्होंने कृष्ण की भक्ति में विभोर होकर खूब सारी कविताएँ भी रच डालीं। उनकी कविताओं का जनता में खूब प्रचार होने लगा।

रहीम की बेगम माहेबानू भी कृष्ण की भक्त थीं। वे भी नमाज पढ़ने के साथ-साथ राधा और कृष्ण की पूजा किया करती थीं। उनको भी गुजरात का शान्त जीवन अच्छा लग रहा था।

गुजरात के सूबेदार बनकर आने के बाद रहीम की दान-शीलता फिर शुरू हो गई। उनके द्वार पर रातदिन याचकों की भीड़ लगी रहती थी। कोई भी याचक उनके द्वार से खाली हाथ नहीं लौटता था।

एक दिन रहीम के द्वार पर एक याचक आया। उसने रहीम से कहा—"खानखाना साहब, मैंने एक लाख रुपये का ढेर नहीं देखा।"

रहीम ने याचक के मन के भावों को भाँप लिया। उन्होंने मुसाहब को आज्ञा देकर एक लाख का ढेर लगवा दिया। एक लाख के ढेर को देखकर उस याचक ने कहा—"खुदा का शुक्र[1] है कि नवाब की बदौलत एक साथ इतना रुपया मैं अपने जीवन में देख सका।"

याचक की बात को सुनकर रहीम ने अपने मुसाहब

१—शुक्र = धन्यवाद।

से कहा—"यह सब रुपया इसे दे दो जिससे यह फिर खुदा का शुक्र करे।"

मुसाहब ने खानखाना की आज्ञा का पालन किया और एक लाख रुपया उस याचक को दे दिया। वह याचक खानखाना का गुणगान करते हुए चला गया।

गुजरात में आकर उन्होंने देखा कि मुसलमानों को हज-यात्रा करने में कठिनाइयाँ उठानी पड़ती हैं। उन कठिनाइयों को दूर करने के लिए उन्होंने 'रहीमी', 'करीमी' और 'सलारी' नामक तीन जहाज बनवा डाले। ये जहाज सूरत बन्दरगाह से उनके खर्चे पर मक्का जाने लगे।

× ×

खानखाना गुजरात की प्रजा के दुःख-दर्द के साथी थे। प्रजा अपनी फरियाद[१] लेकर उन तक बेरोक-टोक पहुँच जाती थी। एक बार वे अपने कमरे में बैठे कविता लिख रहे थे। कविता द्वारा कोरी नीति की बात कहना या उपदेश देना उन्हें नहीं रुचता था। उन्होंने संसार को अनेक रूपों में खूब देखा, सुना और समझा था। इन्हीं अनुभवों को उन्होंने अपनी कविता का विषय बनाया था। उन्होंने अभी थोड़े ही समय में निम्न-लिखित दोहे लिखे—

तरुवर फल नहिं खात है, सरवर पियत न पान।
कहि रहीम परकाज हित, सम्पति सँचहि सुजान॥
यों रहीम सुख होत है उपकारी के अंग।
बाँटन वारे कों लगै, ज्यों मेंहदी को रंग॥

१—फरियाद=प्रार्थना।

× × ×

रहिमन पर उपकार के, करत न भारी बीच।
माँस दियो शिवि भूप ने, दीन्हों हाड़ दधीच।।"[3]

रहीम और दोहे लिखना चाहते थे। परन्तु इसी समय एक याचक उनके सामने आकर खड़ा हो गया। इससे उनकी काव्य-साधना में बाधा पड़ी। उनका ध्यान कविता से हटकर याचक पर जा टिका। वह याचक दुःख भरे स्वर में बोला—"खान-खाना साहब, आप मेरे जीवन को बचाइये। मैं उसके बिना नहीं रह सकूंगा।" यह कहते-कहते वह याचक खानखाना के चरणों में गिर पड़ा तथा अपने नेत्रों से गंगा-यमुना की सी अश्रु-धारा बहाने लगा।

खानखाना ने उसका ढाढ़स बँधाते हुए कहा—"मित्र, धीरज धरो। होश मत खोओ। अपनी दुःख-कथा मुझे ठीक प्रकार से समझाओ। मैं तुम्हारी हर संभव मदद करूंगा।"

उस याचक ने रहीम की वाणी में अपनापन देखा। वह धीरे-धीरे बोला—"खानखाना साहब, मैं एक युवती से प्रेम करता हूँ। मैं गरीब हूँ। उसका बाप इस कारण से मुझसे उसकी शादी करना नहीं चाहता।"

याचक की कथा सुनकर रहीम ने कहा—"मित्र, प्रेम के मार्ग में अमीर-गरीब का भेद नहीं चलता। ठीक है, मैं तुम्हें एक लाख रुपये देता हूँ। तुम जाकर उससे शादी करो।"

यह कहकर रहीम ने अपने मुसाहब को एक लाख रुपये

---

३. अर्थ के लिए देखो परिशिष्ट (१) दोहा संख्या २२, ३१ तथा ४३

लाकर उस याचक को देने को कहा। मुसाहब ने रुपया लाकर उस याचक को दे दिया। जब वह याचक रहीम का शुक्रिया अदा करके जाने लगा तब रहीम नें उससे कहा—"देखो, शादी करके तुम जीवन के नये क्षेत्र में प्रवेश करोगे। तुम मेरे इन अनुभवों से प्रेरणा लेते रहना—

रहिमन ब्याह बियाधि है, सकहु तो जाहु बचाय।
पाइन बेरी परत हैं, ढोल बजाय-बजाय॥
जहाँ गाँठ तहँ रस नहीं, यह जानत सब कोय।
मँडये तर के गाँठि में, गाँठि-गाँठि रस होय॥
रहिमन धागा प्रेम का मत तोड़ो चिटकाय।
टूटते फिर ना मिले, मिले गाँठ पड़ जाय॥"[1]

---

१. इन दोहों का अर्थ है—"रहीम कहते हैं कि ब्याह एक बीमारी है। यदि आप इससे स्वयं को बचा सको तो अवश्य बचाओ। ब्याह में ढोल बजा बजाकर मनुष्य के पैर में बेड़ी डाल दी जाती हैं। ब्याह मनुष्य को सांसारिक बंधनों में जकड़ लेता है।"

"रहीम कहते हैं कि यह सब लोग जानते हैं कि जहाँ गाँठ पड़ जाती है वहाँ रस नहीं होता। गन्ने में भी गाँठ होती है और वहाँ भी रस नहीं होता। यदि मन में भी भेदभाव या विरोध की गाँठ पड़ जाती है तो आपसी प्रेमभाव समाप्त हो जाता है। परन्तु यह आश्चर्य की बात है कि विवाह के समय, विवाह मण्डप के नीचे, पति-पत्नी के बीच में जो गठबन्धन होता है, उस गाँठ में अपार प्रेम रस भरा हुआ होता है।"

"रहीम कहते हैं कि प्रेम के कच्चे धागे को झटका कर मत तोड़ो। यह धागा टूट जायेगा तो फिर यह जुड़ेगा नहीं और यदि जुड़ भी गया तो इसमें गाँठ पड़ जायेगी। प्रेम में गाँठ का पड़ना तो बुरा है। जहाँ गाँठ पड़ जायेगी वहीं रस नहीं रहेगा।"

रहीम के दोहों को सुनकर वह याचक बोला—"खानखाना साहब, मैं अपने वैवाहिक जीवन को सुखी बनाऊंगा। आप मुझे आशीर्वाद दें।" रहीम ने उसको आशीर्वाद दिया और वह याचक खुशी-खुशी अपने घर चला गया।

याचक के चले जाने के कुछ देर बाद एक और व्यक्ति रहीम के कमरे में आ खड़ा हुआ। वह रहीम को सिर झुकाकर बोला—"सूबेदार जी, मैं निर्धन हूँ। मुझे गुजर-बसर करने के लिए धन चाहिए।"

रहीम ने इस व्यक्ति के लिए अपने मुसाहब को धन लाने का हुक्म दिया। कुछ देर बाद मुसाहब खाली हाथ लौट आया और बोला—"हुजूर, आज सारा खजाना खाली हो चुका है। अब धन नहीं है।"

मुसाहब की बात सुनते ही वह व्यक्ति जाने लगा। परन्तु रहीम ने उसे रोकते हुए कहा—"ठहरो, मैं तुम्हें खाली हाथ नहीं जाने दूंगा। तुम मेरा यह रत्नों से जड़ा हुआ कलमदान ले जाओ। यही मेरे पास बचा है।"

बहुत आग्रह करने पर वह व्यक्ति रहीम के कलमदान को लेकर चला गया।

× × ×

भादों की काली और अंधेरी रात थी। इसी मास की कृष्ण-पक्ष की रात्रि में वे आज से लगभग पांच हजार वर्ष पूर्व कंस के बंदी-गृह में भगवान श्रीकृष्णचन्द्र का अवतार हुआ था। वे दुष्टों का संहार करने के लिए इस पृथ्वी पर अवतरित हुए थे। आज उनका जन्मदिन सारे भारतवर्ष में बड़ी धूमधाम से मनाया

जा रहा था।

रहीम और उनकी बेगम माहेबानू दोनों ही कृष्णभक्ति के रंग में रंग गये थे। उन दोनों ने भी हिंदुओं की भाँति आज व्रत रखा। अपने घर में ही कृष्ण-जन्म की खुशी में राधा और कृष्ण का मंदिर सजाया था। चन्द्रमा का दर्शन करने के बाद प्रसाद खाकर ही दोनों अपना व्रत खोलेंगे।

आकाश में चन्द्रमा निकलने में अभी देर थी। इसी बीच रहीम ने प्रसंगवश अपनी बेगम माहेबानू से कहा—"बेगम, कृष्ण-भक्ति में ही अब मुझे जीवन का सच्चा सुख मिलता है। मैं राज-काज को छोड़कर विरागी होना चाहता हूं। मुझे अब संसार का माया-मोह तनिक भी नहीं सुहाता। अब मैं शीघ्र ही राजकाज से छुट्टी लेकर साहित्य-सृजन एवं भगवान आनंदकंद श्री कृष्ण-चंद्र की भक्ति में लग जाऊँगा।"

"स्वामी, तुमने अपने छोटे से जीवन में सब कुछ पा लिया है, तुम आज सल्तनत के ऊँचे पद छोटी-सी उम्र में पहुंच हो गये हो। तुमने अपनी नेकनियत[1] तथा दानशीलता से खूब यश प्राप्त किया है। यह सब प्रभु की कृपा का फल है। प्रभु ने तुममें विराग उत्पन्न किया है। यह विराग मुझमें भी है। हम दोनों को शीघ्र ही उनकी शरण में जाना चाहिए।" माहेबानू ने रहीम के विचारों से सहमति प्रकट हुए कहा।

रहीम ने जब अपने तथा अपनी बेगम माहेबानू के विचारों में समानता का अनुभव किया तब वे बोले—"प्रिये, मैं भी यही

१—नेकनियत = अच्छे विचार वाला।

उदार भक्त रहीम

सोचता हूँ। सूर और मीरा के पदों नें मुझे कृष्ण का दीवाना बना दिया है। कबीर की वाणी नें मुझमें विराग की भावना जगा दी है। राजा बीरबल, महाकवि गंग और तानसेन की कविताओं ने मुझे बहुत अधिक प्रभावित किया है। बस अब सोरों के संत गोस्वामी तुलसीदास जी का दर्शन और आशीर्वाद पाकर मैं जल्दी ही उनके पथ पर चलना चाहता हूँ।"

रहीम की बात समाप्त होते ही बेगम माहेबानू नें कहा—"भगवान कृष्णचन्द्र आपकी अभिलाषा जल्दी ही पूरी करेंगे।"

"प्रिये, आज जन्माष्टमी का दिन है। मैंने अभी हाल ही में भगवान श्रीकृष्णचंद्र के प्रेम में दीवानी गोपियों की रासलीला का वर्णन 'मदनाष्टक' नाम की इस रचना में किया है। तुम आज इसकी कुछ पंक्तियों को गाओ।" रहीम नें अपनी बेगम से अनुग्रह के साथ कहा और उस रचना को उसकी ओर बढ़ा दिया।

इसके बाद बेगम ने अपने कोमल कण्ठ से 'मदनाष्टक' की निम्नलिखित पंक्तियों का पाठ किया—

"विगत घन निशीथे चाँद की रोशनाई।
सघन बन निकुंजे कान्ह वंशी बजाई॥
कलित ललित माला वा जवाहिर जड़ा था।
चपल चखन वाला चाँदनी में खड़ा था॥
कटि तट बिच मेला पीत सेला नवेला।
अलि बन अलबेला यार मेरा अकेला॥

सकल ससि कला को रोशनी हीन लेखौं।
अहह ! ब्रजलला को किस तरह फेर देखौं ॥"[1]

और बेगम माहेबानू इन पंक्तियों को गाते-गाते भाव-विभोर हो गयी।

इसी बीच आसमान में चन्द्रमा निकल आया था। दोनों ने कृष्ण जन्म का उत्सव मनाया और प्रसाद पाया।

× × ×

धीरे-धीरे समय बीत चला। रहीम गुजरात की सूबेदारी से छुट्टी पाने का प्रयत्न करने लगे। उन्होंने अब शेष जीवन को वैरागी बनकर बिताने का निश्चय कर लिया था। अपने इस विचार की सूचना उन्होंने सम्राट् अकबर के पास भेज दी। वे सम्राट् अकबर के उत्तर की प्रतीक्षा में थे।

एक दिन प्रातःकाल रहीम को फतहपुर सीकरी से एक

१—इन पंक्तियों का अर्थ इस प्रकार से है—

'आधी रात का समय था। आकाश बादलों से रहित था। चन्द्रमा की चाँदनी छिटकी हुई थी। ऐसे समय में सघन बन की कुंजों में कृष्ण ने बंसी की तान छेड़ी।

उनके गले में सुंदर माला थी जिसमें जवाहरात जड़े हुए थे। उनके चंचल नेत्र थे। वे चारों ओर बिखरी सुंदर चाँदनी में खड़े हुए थे।

उनकी कमर में नया और आकर्षक पीताम्बर कसा हुआ था। हे सखि! इस भव्य रूप में हमारे प्रियतम श्री कृष्ण बन में अकेले खड़े हुए थे।

उस समय उनके सौंदर्य के सामने सम्पूर्ण चंद्रमा की चाँदनी भी लजा रही थी। (गोपियाँ कहती हैं कि) हम उस ब्रजभूषण की अनुपम छवि को पुनः किस प्रकार से देख सकेंगी।'

संदेशवाहक के आने की सूचना मिली। रहीम सम्राट् अकबर के द्वारा भेजे गये संदेश को जानने के इच्छुक थे। उन्होंने शीघ्र ही संदेशवाशक को बुलाने की आज्ञा दी। संदेशवाहक ने उपस्थित होकर और सिर झुकाकर रहीम को एक पत्र दिया। रहीम ने पत्र को खोलकर तेजी से पढ़ना शुरू कर दिया। वह पत्र सम्राट् अकबर का था।

पर, पत्र से अपने परम हितैषी और सम्राट् अकबर के नव-रत्नों में से एक राजा बीरबल की मृत्यु का दुःखभरा समाचार पाकर रहीम सन्न रह गये। उनकी हिचकियाँ बंध गयीं और नेत्रों से अश्रुधारा बहने लगी। सम्राट् अकबर, रहीम और राजा बीरबल की गहरी दोस्ती को जानते थे। उन्होंने रहीम को ढाढ़स बँधाते हुए लिखा था—"खानखाना, हमारे सभा के रत्न, हमारे दरबार के स्तम्भ, हमारे चतुर मुसाहब राजा बीर-बल इस नश्वर संसार से कूच कर गये। दुनिया धोखे की टट्टी है। हर खुशी के पीछे शोक छिपा है। हमारे हृदय में इतना दुःख है जिसका वर्णन नहीं हो सकता। जो पैदा होता है वह मरता भी है। इसलिए चीखने-चिल्लाने, रोने-धोने की अपेक्षा चुप रहना बेहतर है। घबराने से शान्ति बेहतर है। तुम भी शांत चित्त होकर अपने इरादे से ईश्वर के इरादे को मुख्य समझो। मावदौलत को अपने इस चतुर मुसाहब की मौत पर बहुत दुःख है। थोड़े में यह सोरठा सब कुछ तुमसे कह देगा——

'दीन जानि सब दीन, एक न दीन्हों दुसह दुःख।
सो अब हम कहँ दीन, कछु नहिं राख्यो बीरबल॥"[1]

तुम इस दुःखद घटना से पहले भी हमारे निजी कृपापात्र और सच्चे सेवक थे। अब तुम सोच लो कि क्या तुम्हारे लिए ऐसे समय में वैरागी बनकर रहना उचित है? तुम खुद विचार कर सकते हो। हम तुम्हारा इस समय अपने समीप होना बहुत जरूरी समझते हैं।"

मृत्यु के आगे किसी का बस नहीं चलता। मरने के बाद अपने प्यारे व्यक्ति की पुरानी स्मृतियों को याद कर ही संतोष करना पड़ता है। समय बीतने के साथ ही साथ प्यारे व्यक्ति की मृत्यु से पहुँची करारी चोट धीरे-धीरे कम होती जाती है। यही दशा रहीम की भी हुई। वे अपने भावी जीवन के बारे में खूब विचार करते रहे। और अन्त में इसी निश्चय पर पहुँचे कि वर्तमान स्थिति को देखते हुए उनका जीवन साम्राज्य के लिए है। वे सम्राट् अकबर के उपकारों को नहीं भूल सकते। अब वे सम्राट् अकबर के लिए अपना जीवन दान कर देंगे। इस निश्चय को लेकर उन्होंने एक दिन फतहपुर सीकरी की राह पकडी।

१—'हे बीरबल! तुमने दुनिया को दीन जानकर उसे सब कुछ दे दिया। परन्तु कभी भी किसी को दुःख नहीं दिया। उस दुःख को भी आज तुमने हमको दे दिया। इस प्रकार तुमने अपने पास कुछ भी नहीं रखा।'

५

सम्राट् अकबर ने अपनी राजधानी अब फतहपुर सीकरी को छोड़कर आगरे में बना ली थी। इस समय तक का उनका रौब और दबदबा सारे हिन्दुस्तान में फैल गया था। उनके किसी भी शत्रु में अब सिर उठाने की हिम्मत बाकी नहीं रही थी। राज्य के विभिन्न प्रदेशों में रहने वाले सूबेदारों ने भी अपनी योग्यता, कुशलता और चतुरता से रहे-सहे शत्रुओं को कुचल दिया था। प्रजा में सुख-चैन और अमन था। सम्राट् अकबर अपने रत्नों के साथ रात-दिन प्रजा की भलाई में लगे रहते थे।

मिर्जाखाँ अब्दुररहीम खानखाना के सहयोग को पाकर सम्राट् अकबर को बहुत राहत मिली। रहीम की कार्यकुशलता योग्यता और बुद्धिमत्ता ने सम्राट् अकबर को प्रभावित किया। फलतः राज्य में जब कभी कठिन समस्याएँ उठ खड़ी होती थीं तब वह उनको रहीम की सलाह से हल किया करता था। राज्य में कहीं भी उपद्रव या अशांति उत्पन्न होने पर सम्राट् अकबर की दृष्टि रहीम पर ही जाती थी।

सम्राट् अकबर ने जब मेवाड़ की स्थिति को काबू से बाहर समझा तो उन्होंने रहीम को वहाँ जाने की आज्ञा दी। रहीम ने वहाँ जाकर गुजरात के युद्ध के अपने पुराने अनुभवों से लाभ उठाया। लगातार दो वर्षों तक युद्ध में जूझते रहने बाद वे वहाँ पर शांति स्थापित करने में सफल हो सके। उन्होंने युद्ध में

उदयपुर को जीतकर उसे मुगल साम्राज्य में मिला दिया। इसके बाद वे एक विजेता के रूप में आगरा लौट आये।

सम्राट् अकबर उनकी इस विजय पर फूले नहीं समाये। उन्होंने रहीम को कुलीन, निःस्वार्थी तथा प्रजा का सच्चा सेवक जानकर दरबार में बुलाकर 'मीर-अर्ज़' का पद प्रदान किया। यह ऊँचा पद था जो कि बहुत अधिक विश्वासपात्र सरदार को दिया जाता था।

× ×

इन्हीं दिनों हिन्दी के प्रसिद्ध रामभक्त कवि गोस्वामी तुलसीदास रामभक्ति का प्रचार कर रहे थे। उनकी महानता की अनेक कथाएँ सारे भारतवर्ष में फैल चुकी थीं। उनके नाम के साथ अनेक चमत्कारों को भी जोड़ा जाने लगा था। वे सोरों में रहते थे। श्रद्धालु लोग देश के कोने-कोने से उनका दर्शन करने के लिए आते थे। कुछ लोग उनसे अपने कष्टों को आकर कहते और उन्हें दूर करने के लिए सहायता माँगा करते थे। गोस्वामी जी उनकी सहायता करने का भरसक प्रयत्न करते। वे मनुष्य की सेवा को ही ईश्वर की सच्ची सेवा मानते थे।

एक दिन गोस्वामी जी 'रामचरितमानस' का पाठ करके उठे थे। उनके पास एक दीन ब्राह्मण आया। वह थका-माँदा, उदास और दुःखी था। गोस्वामी जी ने जब उसकी उदासी का कारण पूछा तब उस ब्राह्मण दुःख भरे स्वर में कहा—"महाराज, मैं दीन ब्राह्मण हूँ। मुझे अपनी कन्या की शादी करनी है। उसके लिए धन चाहिए। कलियुग में सिवाय मुसलमान रहीम के मुझे कोई दानी नहीं दीखता। पर, वे मुसलमान है। मैं उनसे

दान लेना धर्म के विरुद्ध मानता हूँ। अब आप मेरी सहायता करें।"

गोस्वामीजी संसार से विरक्त रहने वाले संत थे। संसार के नाशवान धन से उनका कोई सम्बन्ध नहीं था। वे उसे धूल समझते थे। वे सोच में पड़ गये। द्वार पर आये व्यक्ति को खाली हाथ लौटाना भी अपने भगवान राम के चरित्र के विपरीत मानते थे। इस पर उनकी दृष्टि में याचक एक गरीब ब्राह्मण था जो अपनी कन्या के हाथ पीले करने जैसे पवित्र कार्य के लिए धन माँग रहा था। वे उस ब्राह्मण को समझाते हुए बोले—"ब्राह्मण देवता, रहीम साधारण व्यक्ति नहीं हैं। वे सज्जन और भक्त हैं। वे हर याचक की माँग पूरी करते हैं। तुम उनके पास मेरा पत्र लेकर जाओ। वे तुम्हारी सहायता करेंगे।" अंत में तुलसीदासजी का पत्र लेकर वह ब्राह्मण रहीम से मिलने के लिए आगरा की ओर चल दिया।

× × ×

आगरे में रहीम की लोकप्रियता के साथ-ही-साथ दानप्रियता भी बढ़ने लगी थी। उनके उदार एवं दानशील स्वभाव की अनेक कहानियाँ घर-घर में कही जाने लगीं। रहीम के द्वार पर आने के बाद कोई भी भिखारी खाली हाथ नहीं लौटता था। उसे मुँह माँगा दान मिलता था।

रहीम की इस उदार दानशीलता का बहुत से लोग अनुचित लाभ भी उठा लेते थे। वे झूठी दुख:भरी कहानियाँ सुनाकर रहीम से दान में धन पा लेते थे। रहीम को जब बाद में उनकी असलियत मालूम होती तब उन्हें बहुत दुःख होता।

धीरे-धीरे बड़े-बड़े धनवान भी झूठ बोलकर और अपने को तुच्छ बतलाकर रहीम से धन माँगकर ले जाने लगे। ऐसे भिखारियों की संख्या बढ़ने लगी। बहुत से मनुष्य मेहनत से जी चुराकर दान माँगकर ही पेट पालने लगे। रहीम को झूठी दीनता दिखलाने वाले इन भिखारियों से चिढ़ होने लगी। पर, घर आये अतिथि को खाली हाथ भेजना उन्होंने सीखा ही नहीं था। उनका कहना था—

"रहिमन वे नर मर चुके, जे कहुँ माँगन जाहिं।
उनते पहले वे मुये, जिन मुख निकसत नाहिं॥"[1]

अन्त में, उन्होंने समाज को इस हीन भाव को निकालने के लिए भिक्षा माँगने का डटकर विरोध करने का निश्चय किया।

इन्हीं भावों में खोये हुए एक दिन वे अपनी बैठक में बैठे हुए थे। वे सोच रहे थे कि आज देश की जनसंख्या का एक बहुत बड़ा भाग भीख माँगने में लगा हुआ है। क्या ही अच्छा हो कि याचक भीख माँगना छोड़कर अपने पैरों पर खड़ा होना सीख लें। तभी उनके हृदय में सहसा विचार उठा कि भीख को पेट पालने का धन्धा बनाने वाला मनुष्य महान् नहीं बन सकता। भीख माँगने पर दूसरे के सामने गिड़गिड़ाने और दाँत दिखलाने

१—इस दोहे का अर्थ इस प्रकार है—

'रहीम कहते हैं कि माँगना बुरा है। जो व्यक्ति किसी के यहाँ माँगने जाता है वह मर चुका है। परन्तु उससे पहले वह मर चुका है जो अपने मुख से याचक को मना कर वापिस लौटा देता है।'

से खुद का ही अपमान होता है। भीख तो भीख ही है फिर चाहे वह किसी बड़े काम के लिए ही क्यों न माँगी जाये। हाँ, उन्होंने भारतीय पुराणों की कथाओं में भी भीख माँगने का विरोध पढ़ा था। उन्हें याद आया कि वहाँ एक कथा के अनुसार भीख माँगने के लिए ही भगवान विष्णु को बावन अंगुल (बौने) का शरीर धारण कर पाताल के राजा बलि के यहाँ जाना पड़ा था। उन्होंने चाहे तीन पैर में ही सारी वसुधा को नाप डाला; परन्तु इस महान् कार्य को करने पर भी भगवान विष्णु का नाम बौना ही रहा। तो फिर साधारण मनुष्य की तो बात ही क्या? इन विचारों को लेकर उन्होंने तुरन्त ये दोहे रच डाले—

'माँगे घटत रहीम पद, कितौ करो बड़ काम।
तीन पैग बसुधा करि, तऊ बावनै नाम॥

× × ×

रहिमन माँगत बड़ेन की, लघुता होय अनूप।
बलि मख माँगन को गये, धरि बावन को रूप॥

× × ×

रहिमन याचकता गहे, बड़े छोट ह्वै जात।
नारायन हू को भयो बावन आँगुर गात॥'[1]

इसी समय गोस्वामी तुलसीदास जी का भेजा हुआ याचक ब्राह्मण उनके सामने आ उपस्थित हुआ। उसने खानखाना के सरल और सादे वेश को देखा। उसके हृदय में रहीम के प्रति श्रद्धा उमड़ आई। वह खानखाना को शीश झुकाकर बोला—

१—अर्थ के लिए देखो परिशिष्ट (१)—दोहा संख्या ३०,४६ तथा ४७।

"खानखाना साहब, मैं गरीब ब्राह्मण हूँ। गोस्वामी तुलसीदास जी ने मुझे आपके पास भेजा है। मुझे कन्या के विवाह के लिए धन चाहिए। गोस्वामी जी ने आपकी सेवा में यह पत्र भी लिखकर भेजा है।" और यह कहकर तुरन्त ही उसने रहीम की ओर गोस्वामी जी का पत्र बढ़ा दिया।

रहीम गोस्वामी तुलसीदास जी का नाम सुनकर प्रसन्नता से भर गये। पत्र को देखकर तो उनके हर्ष की सीमा न रही। उन्होंने पत्र को खोलकर पढ़ा। पत्र में गोस्वामी तुलसीदास जी ने रहीम की प्रशंसा में दोहे की निम्नलिखित पंक्ति लिखकर भेजी थी—

"सुरतिय, नरतिय, नागतिय, सब चाहत अस होय"

(अर्थ–'देवताओं की स्त्रियाँ, मनुष्यों की स्त्रियाँ और पाताल लोक में रहने वाले नागों की स्त्रियाँ सबकी यही कामना है कि उनके रहीम जैसा पुत्र पैदा हो।')

रहीम इस पंक्ति को पढ़ते ही भाव-विभोर हो उठे। वे उस ब्राह्मण से बोले—"आज मैं और मेरा भाग्य धन्य हैं। सचमुच मैं खुशकिस्मत हूँ जो मुझे गोस्वामी तुलसीदास जी ने याद किया। ब्राह्मण देवता, आप तशरीफ रखें। मैं आपके लिए अभी धन का प्रबन्ध करता हूँ। यह मेरे धन का सौभाग्य होगा कि वह आपकी कन्या के शादी जैसे पवित्र कार्य में काम आये।"

तभी रहीम ने आपने मुसाहब को बुलाकर कहा–"तुरन्त ही एक लाख रुपया इन ब्राह्मण देवता को लाकर दो।" मुसाहब आदेश पाकर चला गया। इसके बाद रहीम ने उस दोहे की एक पंक्ति के नीचे दूसरी पंक्ति स्वयं बनाकर लिख दी। दोहे को पूरा कर वे ब्राह्मण से बोले—"ब्राह्मण देवता, मैंने गोस्वामी जी

के पत्र का उत्तर लिख दिया है। आप उन तक इसे पहुंचा देना। मैं शीघ्र ही उनके दर्शन करूँगा। आशा है भगवान राम मेरी इस इच्छा को पूरी करेंगे। हाँ, जरा आप भी सुन लें, गोस्वामी जी ने पहली पंक्ति में लिखा था—

"सुरतिय, नरतिय, नागतिय, सब चाहत अस होय।"

और इसकी दूसरी पंक्ति लिखकर मैंने कहा है—

"गोद लिए हुलसी फिरें, तुलसी सौ सुत होय।"[१]

खानखाना की इस मधुर और मीठी हाजिर जवाबी को सुनकर वह ब्राह्मण दंग रह गया। इसी बीच रहीम के मुसाहब ने उसे एक लाख रुपया लाकर दिया। वह ब्राह्मण रुपये लेकर जाने से पहले बोला—"खानखाना साहब, मैं आपका आभारी हूँ। आप महान् हैं। आपने अपने दोहे में इतिहास को अमर कर दिया है। गोस्वामी जी की माता का नाम हुलसी है जो इसमें आ गया है। आप मुसलमान हैं और गोस्वामी जी हिन्दू। आप दोनों देखने में अलग-अलग हैं। परन्तु आप दोनों मानवता के सच्चे पुजारी हैं। मानव की सेवा में भेदभाव को आप जानते ही नहीं।"

रहीम ने उस याचक के विचारों को गम्भीरता के साथ सुना। वे उसके जाने के बाद अपनी साहित्य-साधना में लग गये।

---

१. रहीम की इस दूसरी पंक्ति से इस दोहे का अर्थ तुलसी की प्रशंसा में हो गया है, जो इस प्रकार है—'देवताओं की स्त्रियाँ, मनुष्यों की स्त्रियाँ और पाताल लोक में रहने वाली नागों की स्त्रियाँ सबकी यही कामना है कि उनके ऐसा ही रामभक्त पुत्र उत्पन्न होवे जैसा कि माता हुलसी अपनी गोद में तुलसी के लिए फिरती हैं।'

६

सुबह का समय था। रहीम अपनी हवेली में बैठे थे। वे राज्य की गम्भीर समस्याओं की गुत्थियों को सुलझाने में खोये हुए थे। इसी बीच दरबान ने सूचना दी—"आसकरण नाम का चारण उदयपुर से आया है। वह आपसे मिलना चाहता है।"

दरबान की सूचना से रहीम की शांति भंग हुई। वे सिर उठाकर बोले—'जाओ, उन्हें तुरन्त यहाँ भेज दो।" और फिर दरबान के जाने के बाद वे अपनी समस्याओं में उलझ गये।

कुछ देर बाद एक भारी भरकम मोटे-तगड़े शरीर वाले व्यक्ति ने रहीम की बैठक में प्रवेश किया। जैसे ही उसने प्रवेश करके सामने चौकी पर बैठे हुए खानखाना को देखा वैसे ही वह पहले पृथ्वी तक झुककर और फिर अपने दोनों हाथों को जोड़कर बोला—"महड़ू शाखा का चारण कवि आसकरण मुगल साम्राज्य के महान स्तम्भ मिर्जाखाँ अब्दुररहीम खानखाना को प्रणाम करता है।"

चारण कवि आसकरण का अभिवादन स्वीकार कर रहीम ने कहा—"कविवर, आपका स्वागत है। आप इधर रखे आसन पर पधारें। मैं आपके दर्शन से प्रसन्न हुआ। मैं आपकी क्या सेवा कर सकता हूँ?"

रहीम के अनुरोध को स्वीकार कह वह चारण उनके पास रखी चौकी पर बैठ गया और कुछ क्षण चुप रहने के बाद बोला—

चारण कवि आसकरण और रहीम

"खानखाना साहब मेरा नाम आसकरण है। मैं मोटा हूँ। इसी से लोग मुझे 'जाड़ा' (मोटा) कहकर पुकारते हैं। मैं आपकी प्रशंसा में चार दोहे राजस्थानी भाषा में बनाकर लाया हूँ।"

आसकरण को राजस्थानी भाषा का कवि जानकर रहीम बहुत प्रसन्न हुए। वे उसका साहस बढ़ाते हुए बोले—"कविवर, आप धन्य हैं। आप अपनी कविता सुनाने उदयपुर से यहाँ पधारे हैं, इसके लिए मेरा धन्यवाद स्वीकार करें। आप जल्दी से अपने दोहे सुनाइये।"

तभी चारण कवि आसकरण ने राजस्थानी में अपने रचे निम्नलिखित दोहों को ऊँचे स्वर में पढ़ा—

"खानखाना नवाब हो! मोहिं अचंभो एह।
मायो किमि गिरि मेरुमन, साढ़ तिहस्सी देह ॥[1]

× × ×

खानखाना नवाब रे, खाँड़े आग खिवन्त।
जलवाला नर प्राजलै, तृणवाला जीवन्त ॥[2]

× × ×

१—मायो=समाया। सात तिहस्सी=साढ़े तीन हाथ की।
'मुझे अचम्भा है कि खानखाना का मेरु पर्वत जैसा मन साढ़े तीन हाथ के शरीर में कैसे समा गया।'

२—खांड़े आग खिवन्त=तेरी तलवार से अग्नि की वर्षा होती है। जलवाला नर प्राजलै=पराक्रमी पुरुष जल जाते हैं। तृणवाला जीवन्त=दीन पुरुष जीवित रहते हैं। 'खानखाना की तलवार से आग बरसती है। पराक्रमी पुरुष उसमें जल मरते हैं और दीन पुरुष बच रहते हैं।'

खानखाना नवाबरी, आदम गीरी धन्न।
मह ठकुराई मेरु गिरि, मनी न राई मन्न ॥[३]

× × ×

खानखाना नवाब रा, अड़िया भुज ब्रह्माण्ड।
पूठे तो है चण्डीपुर, धार तले नवखण्ड ॥"[४]

× × ×

इन दोहों को सुनकर रहीम मुग्ध हो गये। वे आसकरण से बोले—"जाड़ा जी, आपके दोहे सुन्दर हैं। आपके दोहों को सुनकर तथा आपके दर्शन करके मैं भी निवेदन करना चाहता हूँ—

घर जड्डी अम्बर जडा, जड्डा महडू जोय।
जड्डा नाम अलाहदा, और न जड्डा कोय ॥"

(अर्थ–पृथ्वी अनन्त है और आकाश भी अनन्त है। महडू शाखा में उत्पन्न चारण कवि जाड़ा (आसकरण) भी महान् है तथा ईश्वर का नाम भी महान् है। इसके अतिरिक्त संसार में और कोई महान् नहीं है।)

रहीम की इस अद्भुत काव्य-प्रतिभा की वह चारण कवि

३—आदम गीरी=उदारता

'खानखाना की उदारता धन्य है। मेरु पर्वत जैसी ठकुराई भी उन्होंने अपने मन में जरा सी भी नहीं मानी। अर्थात् महानता का गर्व उनके हृदय में छू तक नहीं गया।'

४—पूठे=पीठ पर। चण्डिपुर=दिल्ली।

'खानखाना नवाब की भुजाएँ ब्रह्माण्ड में अड़ी हुई हैं। दिल्ली तो उनकी पीठ पर है और नौ खण्ड वाली यह पृथ्वी तलवार की धार के नीचे है।'

धाक मान गया। उसने रहीम के दोहे की बेहद प्रशंसा की। तभी रहीम ने कहा—"कविवर, आपके दोहे अमूल्य हैं। मैं आपके एक-एक दोहे पर एक-एक लाख रुपये का पुरस्कार प्रदान करता हूँ।"

"खानखाना जी, मैं पुरस्कार में रुपया लेने के लिए आपके पास नहीं आया हूँ।" उस चारण ने रहीम को चौंकाते हुए कहा।

"तो फिर तुम्हें क्या चाहिए कविवर!" रहीम ने जिज्ञासा के भाव में पूछा।

इस पर उस चारण ने विनम्रता से कहा—"खानखाना जी, महाराणा उदयसिंह जी के पुत्र और महाराणा प्रतापसिंह के भाई जगमल सिसौदिया मेरे आश्रयदाता हैं। दोनों भाइयों में अनबन हो गई है। जगमल जी ने घर छोड़ दिया है। अब वे बेघर हैं। उनके वास्ते जागीर चाहिए।"

रहीम चारण कवि की इस माँग की पूर्ति करने में तनिक भी नहीं हिचके। वे कुछ सोच-विचार कर बोले—"ठीक है, कविवर, तुम्हारे आश्रयदाता के लिए जागीर का प्रबन्ध हो जायेगा। मेवाड़ का ही जहाजपुर का परगना उन्हें मिल जायेगा। तुम जानते ही हो कि यह परगना आजकल हमारे सम्राट् के अधिकार में है। मैं सम्राट् से मिलकर उसे सिसौदिया जगमल जी को दिला दूंगा। यह तो आपने अपने आश्रयदाता के प्रति अपने कर्तव्य को निभाकर अपनी स्वामिभक्ति का परिचय दिया है। यह गुण संसार में बड़ी कठिनाई से मिलता है। अब आप मुझे अपनी सेवा करने का भी तो अवसर दें।"

रहीम की सहज स्नेह भरी वाणी से वह चारण बहुत अधिक

प्रभावित हुआ। वह जोर-जोर से रहीम की जय-जयकार करता हुआ बोला—"खानखाना जी, आपकी जय हो, जय हो। मुझे और कुछ नहीं चाहिए। मैं कृतार्थ हुआ। आप युग-युग तक जीवित रहें।"

परन्तु रहीम तो गुणियों के प्रेमी थे। वे भला उस चारण कवि को अपनी उदारता से कैसे वंचित रखते। उन्होंने उसका ख़ूब आदर-सत्कार किया और भेंट-पूजा भी दी।

और, इसके बाद वह चारण कवि पृथ्वी पर झुककर तथा अपने दोनों हाथों को जोड़कर रहीम का अभिवादन कर अपने घर को चला गया।

७

रहीम कवि तो थे ही साथ ही लगभग तेरह भाषाओं के विद्वान भी थे। किन्तु रहीम ने राष्ट्रीय एकता की आवश्यकता का अनुभव करते हुए हिन्दी भाषा को ही प्रमुख रूप में अपनाया था। हिन्दी की तीनों बोलियाँ—ब्रजभाषा, अवधी तथा खड़ी बोली पर उनका समान अधिकार था। वे हिन्दी भाषा के सौंदर्य पर मोहित थे। उन्होंने हिन्दी भाषा का जो रूप हमारे सामने रखा है वह हमारे लिए आज भी आदर्श है।

रहीम खुद तो विद्वान थे ही साथ ही वे विद्वानों का सदैव आदर किया करते थे। अपने समय के प्रायः सभी कवियों से उनका परिचय था।

रहीम का विचार था कि कविता में जीवन के मधुर और कड़ुवे अनुभवों का चित्रण होना चाहिए। रहीम ने ऐसा ही किया था। इसी से वे जनता के प्यारे कवि बन गये थे। उनकी प्रसिद्धि देखकर बहुत से कवि और शायर उनकी ओर आकर्षित हुए। रहीम ने अपने सम्पर्क में आये सभी प्रमुख कवियों के हाथों से लिखी उनकी कविताओं का संग्रह करनें के लिए अहमदाबाद में अपना एक पुस्तकालय भी बना लिया था। इस पुस्तकालय की देखभाल बहुत से योग्य कर्मचारी करते थे। रहीम पुस्तकालय की उन्नति के लिए सदैव ही तन-मन-धन से जुटे रहते थे। अनेक कवियों ने उनसे कविता करने की प्रेरणा भी पायी थी। वे समय-समय पर देश, जाति अथवा धर्म का भेदभाव किये बिना कवियों को उनकी योग्यता के अनुसार पुरस्कृत भी करते रहते थे। ऐसा करने से कवियों में कविता करने का उत्साह बढ़ता रहता था। इस प्रकार रहीम ने हिन्दी-साहित्य की दोहरी सेवा की। एक तो स्वयं उन्होंने कविताएँ लिखी थीं और दूसरे अन्य कवियों को दान एवं प्रेरणा देकर काव्य-रचना करने में सहायता पहुँचाई। इस काव्य-प्रेम के कारण लोग उन्हें उस समय का 'भोज' भी क़हते थे।

अब रहीम की हवेली में प्रतिदिन कवियों का जमघट रहनें लगा। देश के कोने-कोने से अनेक कवि रहीम के यहाँ आने लगे। बड़े-बड़े कवि भी अपने जीवन की सफलता रहीम के दर्शन में ही मानते थे। रहीम भी कवियों के इस अपार प्रेम से परिचित थे। वे सभी कवियों का हृदय से सम्मान करते थे। उनके स्वागत में सदैव अपनी पलकें बिछाये रहते थे। रहीम के इस बढ़ते

काव्य-प्रेम को देखकर बहुत से कवि उनके आश्रय में ही रहने लगे थे।

एक दिन संध्याकाल के समय रहीम के यहाँ अनेक कवि उपस्थित थे। कविता के रस के लबालब भरे प्याले छलक रहे थे। कवि गोष्ठी का ठाठ जमा हुआ था।

आज की कवि-गोष्ठी अपने में अपूर्व थी। वह पहले दिनों से एकदम भिन्न थी। आज सभी कवि अपनी-अपनी कविता में रहीम का यशगान लिखकर लाये थे। कवि-गोष्ठी में धीरे-धीरे रंग जमा।

कवि-गोष्ठी में हिन्दी के महाकवि और प्रकाण्ड पण्डित आचार्य केशवदास भी उपस्थित थे। उन्होंने खानखाना को प्रेम-पूर्वक सिर झुकाया और फिर कविता में बोले—"बन्धुओं खान-खाना गुणों के अथाह समुद्र हैं। उनका सागर सा विशाल चरित्र कविता में नहीं समा सकता। वे सब खानों की खान हैं।[1] दुष्टों का नाश करने और संसार का पालन करने के लिए ये हमारे खानखाना भगवान रामचन्द्र जी के बाण के समान हैं।[2]"

महाकवि केशवदास की इस कविता को सुनकर खान-खाना बोले—"महाकवि, आप इतनी बढ़ा-चढ़ाकर मेरी प्रशंसा न करें। मैं तो सम्राट् अकबर का एक सेवक मात्र हूँ।"

---

१. '…सब खानन की खान।'

२. 'खलन के घालिबे को, खलक के पालिबे को,
खानखाना एक रामचन्द्र जू के तीर सों।'

+ + +

इस पर महाकवि केशवदास ने कहा, "खानखाना जी, महापुरुष अति विनम्र होते हैं। हम कवि लोग गुणों के पारखी हैं। आप चिन्ता न करें, कवि की वाणी सत्य ही होती है।"

महाकवि केशवदास की बात सभी को खूब जंची। इसके बाद कवि मण्डन ने खानखाना को शीश झुकाकर निवेदन किया, "खानखाना जी, मैं आपका नमक खाता हूँ। मैं आपकी बहादुरी की धाक मानता हूँ। आपकी बहादुरी का वर्णन मेरा कवि-हृदय इन शब्दों में कर पाया है—"खानखाना तुम्हारे गुण सारे संसार के कानों में पड़ रहे हैं। पर तुम्हारे कान धनुष की डोर (गुन) को धारण किये रहते हैं। तुम तो अपने हाथ से तलवार को खींचकर दुष्टों से कर वसूल करते हो, किंतु तुम्हारे कान उन हाथों का स्पर्श कर तनिक भी भय नहीं खाते हैं।"[3]

मण्डन कवि की इस चमत्कारी कविता की खूब प्रशंसा की गई। केशव तो कविता में चमत्कार के प्रशंसक थे। उन्होंने इस कविता की बार-बार सराहना की।

अब 'प्रसिद्ध' कवि की बारी थी। वे खानखाना के चरणों में सिर नवाकर बोले, "खानखाना जी, आपके चरणों में ये भाव-सुमन अर्पित हैं—"आपके प्रताप के आतंक से पृथ्वी को धारण करनेवाले शेषनाग के फन फूट-फूटकर चकनाचूर हो

---

३. 'तेरे गुन खानखाना परत दुनी के कान,
ये तेरे कान गुन आपनों धरत हैं।
तू तो खग्ग खोलि खलन पै कर लेत,
लेत यह तो पै कर नेक न डरत हैं॥'

गये है।"'[1]

इस कविता को सुनकर रहीम बोले, "कविवर 'प्रसिद्ध' जी, शेषनाग महाशक्तिशाली हैं। मैं उनके सामने धूल के एक कण के समान भी नहीं हूँ। भारतीय संस्कृति की इन महान् बातों को महान् ही रहने दें।"

यह सुनकर महाकवि केशवदास चुप न रह सके। वे रहीम से अति विनम्र स्वर में बोले, "खानखाना जी, यह कविता है। कवि कल्पना की ऊँची उड़ान भरकर अपने आश्रयदाता को महान् बना रहा है। किसी का अपमान करना उसका लक्ष्य नहीं है। आप कविता में सीधे-सादे शब्दों में बात कहना चाहते हैं और हम ऊँची कल्पना की उड़ान भरकर। आपमें और हममें यही अन्तर है।"

खानखाना केशवदास की बातों को सुनकर मुस्करा उठे। उन्होंने जान लिया कि कवि-मण्डली आज अपनी मस्ती में मस्त है। उसके आगे विनती से काम नहीं चलेगा। अतः उन्होंने अब मौन रहकर ही कविता का आनन्द लेने का निश्चय कर लिया।

इतने में अकबरी दरबार के प्रसिद्ध कवि नरहरि महापात्र के पुत्र हरिनाथ ने अपनी कविता में कहना आरम्भ किया, "हे खानखाना आप परम चतुर और महाबली हैं। आपकी तलवार का तेज सारे संसार में चमक रहा है। आपकी तलवार ने सारे संसार को अपनी झनझनाहट से झकझोर डाला है।"'[2]

---

१. 'सेस फन फूट-फूट चूर चक चूर भये……'

२. 'कहै हरिनाथ सातों दीप को दीपति करि।
जहि खण्ड करताल ताल सो बजाए हैं॥'

इसके बाद अलाकुली कवि ने खानखाना की दानशीलता की प्रशंसा में कहा—"खानखाना आप कलियुग के दानवीर कर्ण हैं। संसार में व्यक्ति चार प्रकार से धनवान बने हैं। कुछ तो पारस पथरी की कृपा से धन को पा गये हैं। कुछ ने अनेक रत्नों की खान रत्नाकर (समुद्र) से रत्नों को पा लिया है। कुछ ने पारे को फूंककर सोना बना लिया है। कुछ को आपने अपार धन दान देकर धनवान बना दिया है।"[1]

एक कोने में बैठे 'तारा' कवि ने अपनी बारी जानकर खानखाना की प्रशंसा में जो कवित्त पढ़ा उसका भाव था, "खानखाना जी आप महानता की पूर्ण प्रतिमा हैं। पवन भी आपकी समानता नहीं कर सकता। तभी तो वह आपकी तुलना में पौना (तीन चौथाई) रह जाता है।"[2]

'तारा' कवि के पास बैठे 'मुकुन्द' कवि भी भला मौके पर चूकने वाले थोड़े ही थे। उन्होंने रहीम की वीरता और महानता के बारे में जो कविता सुनाई उसका सार यह था—"हे खान-खाना, आपकी भुजाएँ उस कल्पवृक्ष के समान हैं जो हर किसी की इच्छा को पूरी करता है। आपकी भुजाओं में जब तलवार चमकती है तब ये आग बरसाती है और अपने सम्राट् के लिए

---

१. 'पारस ते पाए किधों पारा ते कमायो किधों,
समुद्रहू ते लायो किधों खानखान दीने हैं'

२. 'पौन की बड़ाई बरनत सब 'तारा कवि'
पूरो न परत याते पौन कहियतु है।'

विजय प्राप्त करती है।[४]"

कुछ कवियों और शायरों ने रहीम के प्रति शीश झुकाकर ही अपनी श्रद्धा-भक्ति का परिचय दिया। ऐसे कवियों में लक्ष्मीनारायण, बाण, संत आदि और शायरों में 'उर्फी', 'नजीरी', 'जहूरी', 'शकीबी', 'अनीसी', 'मजहरी' 'नवी' आदि मुख्य थे। और अन्त में महाकवि गंग को कविता सुनानी थी। महाकवि गंग उन दिनों अकबर के दरबार में प्रमुख हिन्दी कवि थे। वे कहा करते थे कि हिन्दी में कवियों के दो सरदार—तुलसीदास और मैं (गंग कवि) हैं। उनकी कविता सुनने के लिए सभी उपस्थित सभासद उत्सुक दिखलाई पड़े। महाकवि गंग ने कहा— "मैंने खानखाना जी पर लगभग १५ कवित्त लिखे हैं। मैं तो खानखानाजी की वीरता पर ही मुग्ध हूँ। मैं खानखाना जी को 'नवल नवाब' कहता हूँ। मैंने आज उनकी प्रशंसा में लिखा है—"हे बैरमखाँ के पुत्र खानखाना, जिस दिन से तुमने शत्रु पर क्रोध से वक्र दृष्टि करके अपने घोड़े की ज़ीन कसी है, उसी दिन से सारे संसार में खलबली मच गयी है। पृथ्वी को धारण करनेवाले शेषनाग काँपने लगे हैं। सूर्य का प्रचण्ड तेजवाला रथ अपने मार्ग से हट गया है। भँवरा आश्चर्यचकित हो गया है। वह कमलों के वन में अब मँडराता नहीं है। भय के मारे सर्प अपने फन पर मणि को धारण नहीं करता है। हवा और बादलों ने तेज बहना छोड़ दिया है। हंस मानसरोवर से उड़ गये हैं। चकवा अब भय के

---

४. 'खाननखान बैरम तनय तिहि पर तुव भुज कलपतरु।
जगमगहि खग्ग भुज अग्ग पर, खग्ग अग्ग स्वामित्ति बरु॥'

मारे चकवी से मिलना भूल गया है और पुरुष अब सुन्दर नारियों से अनुराग नहीं करते ।'"[1]

महाकवि गंग की कविता को सुनकर सभी कवि फड़क उठे । सबके मुंह से 'वाह ! वाह ! !' 'खूब ! खूब ! !' की ध्वनि अनायास ही निकल पड़ी । रहीम से न रहा गया । वे बोले, "महाकवि, आपने मेरी प्रशंसा की । परन्तु मैं प्रशंसा का पात्र कहाँ ? फिर भी आपने सहज-सरल भाषा में जो भाव कहे हैं, वे खूब हैं । मैं इस कविता पर यदि अपना सब कुछ आपके चरणों में भेंट कर दूं तो वह भी कम है । मैं इस छः पंक्तियों के छन्द पर छत्तीस लाख रुपया अर्थात् प्रत्येक पंक्ति पर छः छः लाख रुपया आपके चरणों में भेंट करता हूँ । मेरी यह तुच्छ भेंट स्वीकार करें ।"

महाकवि केशवदास रहीम के इस महान दान को देखकर हर्ष गद्गद् हो गये और बोले, "खानखाना जी, आप तलवार के धनी ही नहीं दान में भी वीर हैं । आपकी महानता, उदारता और विनम्रता श्रेष्ठ है । आपकी जितनी प्रशंसा की जाए उतनी थोड़ी है । और हाँ, बंधु गंग ! अब तक आपने खानखाना की वीरता की ही प्रशंसा की है अब आपको उनकी दानवीरता

---

१. चकित भँवर रहि गयो, गकत नहिं करत कमल बन ।
अहिफन मनि नहिं लेत, तेज नहिं बहत पवन धन ॥
हंस मानसर तज्यो, चक्क चक्की न मिले अति ।
बहु सुन्दरि पद्मिनी, पुरुष न चहें न करें रति ॥
खलभलित सेस कवि 'गंग', भनि, अमित तेज रवि रथ खस्यो ।
खानानखान बैरमसुवन, जिदिन कोप करि तँग कस्यो ॥

की महिमा का वर्णन भी करना होगा।"

सभी कवियों ने रहीम की महानता की मुक्त कण्ठ से सराहना की। इसके बाद महाकवि गंग ने सिर झुकाकर रहीम की भेंट स्वीकार की।

गोष्ठी के समाप्त होते ही दरबान ने आकर सूचना दी, "हुजूर, शाही हरकारे ने खबर दी है कि शहन्शाहे आलम आप की हवेली पर तशरीफ ला रहे हैं।"

दरबान की इस सूचना को सुनकर रहीम कुछ आश्चर्य में डूब गये। आस-पास बैठे कवियों और शायरों में कानाफूसी होने लगी। बादशाह सलामत का रहीम की हवेली पर अचानक आगमन कैसा? इसका कारण जानने को सब उत्सुक दिखलाई पड़े। रहीम ने दरबान को हुक्म दिया, "जाओ बादशाह सलामत की अगवानी करो। मैं अभी उनका स्वागत करता हूँ।"

दरबान के जाते ही रहीम ने अपने मुसाहबों, तथा नौकरों को इन्तजाम करने की जरूरी बातें बतलायीं। फिर वे बादशाह सलामत का स्वागत करने के लिए अपनी हवेली की ड्योढ़ी पर जा पहुँचे। उनके पीछे-पीछे कवि और शायर भी चल पड़े।

ड्योढ़ी पर पहुँचने के कुछ क्षणों बाद सम्राट् अकबर अपने मुसाहबों, शरीर-रक्षकों तथा सेवकों से घिरे हुए आ पहुँचे। रहीम तथा सभी उपस्थित जनों ने सिर झुकाकर उनका अभिवादन किया। बादशाह सलामत ने मुस्कराकर रहीम तथा अन्य जनों के अभिनंदन को स्वीकार किया। इसके बादर हीम बोले, "आलीजाह, आपने मेरे गरीबखाने पर पधार कर मुझ पर बड़ी कृपा की है। यदि कोई जरूरी काम था तो इस बंदे को वहीं

सम्राट् अकबर, रहीम और कवि-शायर

बुला भेजा होता।"

सम्राट् अकबर रहीम के आस-पास चारों ओर खड़े कवियों और शायरों की ओर नजर घुमाकर कहा, "माबदौलत की घूमने की इच्छा थी। सोचा खानखाना की हवेली तक ही चला जाए। अरे, आज तो तुमने खूब रंग जमा रखा है। हिंदुस्तान के बड़े-बड़े शायरों और कवियों की यह जमात कैसे इकट्ठी कर रखी है? इनको देखकर तो मुझे ऐसा लगता है कि जैसे हिन्दुस्तान की सारी नदियाँ एक स्थ।न पर समुद्र में आकर मिल गयी हों।"

रहीम ने सम्राट् अकबर से विनम्र स्वर में कहा, "जहाँपनाह, आपकी मुझ पर बड़ी कृपा है। इन शायरों तथा कवियों का स्नेह भी मुझपर कम नहीं है। आप अन्दर तशरीफ ले चलें।"

सम्राट् अकबर ने हवेली में प्रवेश किया। रहीम ने उसका खूब स्वागत किया। जिन कवियों तथा शायरों से सम्राट् अकबर का विशेष परिचय नहीं था खानखाना ने खुद उनका परिचय दिया। कुछ कवियों ने अच्छा अवसर जानकर सम्राट् के आग्रह पर अपनी सुंन्दर और मधुर कविताएँ सुनायीं। अब कवि-गोष्ठी का दूसरा दौर शुरू हुआ। सम्राट् अकबर उन कविताओं को सुनकर आनंद-सागर में डूब गये।

काव्य-रस का पान करने के बाद सम्राट् अकबर नें घोषणा की—"खानखाना, तुम जैसे रत्न पर मुगलिया सल्तनत को फख्र है। आज मैं कई कामों से यहाँ आया हूँ। राजा टोडरमल जी की मृत्यु के बाद मुगल-साम्राज्य का 'वकील' का ओहदा अभी तक

खाली पड़ा है। माबदौलत यह ओहदा[1] आज से तुम्हें सौंपते हैं। आज से तुम मुगल-साम्राज्य के 'वकील' यानी महामंत्री' के रूप में कार्य करोगे।"

इस घोषणा को सुनते ही सभी बैठे हुए शायरों तथा कवियों में हर्ष की लहर दौड़ गयी। सम्राट् अकबर की इस घोषणा पर रहीम ने जमीन तक सिर झुकाया और कहा—"आलीजाह, मैं आपका कहाँ तक शुक्रिया अदा करूँ।"

सम्राट् अकबर ने रहीम के विनम्र भाव की मन ही मन में सराहना की और फिर कहा—"खानखाना, शहजादा सलीम बड़ा हो गया है। उसकी शिक्षा मैं तुम्हारी देखरेख में दिलवाना चाहता हूँ। मैं चाहता हूँ कि वह तुम्हारी तरह हिंदोस्तान की संस्कृति, धर्म तथा साहित्य का ज्ञान प्राप्त करे। तभी वह प्रजा की भलाई कर सकेगा।"

रहीम ने सम्राट् अकबर के इस अनुरोध को भी स्वीकार कर लिया। तब फिर सम्राट् अकबर ने कहा—"माबदौलत को इस बात की भी निहायत खुशी है कि तुम अपने धर्म का पालन करते हुए भी हिन्दुओं के धर्म के प्रति उदार दृष्टिकोण रखते हो। तुम जैसे इंसान ही हिंदोस्तान से धर्म के नाम पर होने वाले झगड़े-फिसाद, मनमुटाव और घृणा को दूर कर सकते हैं।"

सम्राट् अकबर की वाणी को सुनकर रहीम ने कहा—"जहाँपनाह, यह सत्य है कि मैंने आपका चलाया 'दीने-इलाही' मजहब कबूल[2] नहीं किया। परन्तु मैं आपके 'दीने-इलाही' की

१—ओहदा=पद। २—कबल=स्वीकार।

मूल भावना से प्रभावित हूं। मैं इस्लाम-धर्म का मानने वाला होते हुए भी आपकी तरह सब धर्मों का समान आदर करता हूँ। मैंने ईश्वर के अवतार आनन्दकन्द भगवान श्रीकृष्णचन्द्र में अपने मन को लगा दिया है। जैसे चकोर पक्षी टकटकी लगाये चन्द्रमा को देखा करता है, वैसे ही मेरा मन रात-दिन कृष्णचन्द्र के रूप का ध्यान किया करता है।"

रहीम की रग-रग में भारतीय संस्कृति, हिन्दू-धर्म, गोरक्षा, अवतारवाद तथा मूर्तिपूजा के प्रति दृढ़ विचार समाये हुए थे। सम्राट् अकबर के सामने आज ये विचार उनकी साँस-साँस से फूट पड़े। वे कुछ क्षण शांत रहकर फिर कहने लगे—"आलीजाह, मैंने सभी धर्मों का बारीकी से अध्ययन किया है। अन्त में मैं इसी निष्कर्ष पर पहुंचा हूँ कि ईश्वर एक है। उसके राम-रहीम, कृष्ण-करीम आदि अनेक नाम हैं। पर इन अनेक नामों में उस एक ईश्वर का ही रूप बसा हुआ है। भक्तों की याचना पर ईश्वर समय-समय पर अवतार लेकर पृथ्वी के भार को उतारते हैं।"

सम्राट् अकबर रहीम के सार-भरे विचारों को सुनकर अत्यधिक प्रभावित हुए। वे बोले—"खानखाना, यह तो सब जानते हैं कि माबदौलत धार्मिक कट्टरता में कतई विश्वास नहीं रखते। मुसलमान, हिन्दू, सिक्ख, बौद्ध, जैन, ईसाई और पारसी धर्मों के धर्माचार्यों के उपदेशों को हमने सुना है। उन्हें सुनकर हमने भी यह परिणाम निकाला है कि ईश्वर एक है। प्रत्येक मनुष्य उसे प्राप्त कर सकता है, चाहे वह किसी भी धर्म को क्यों न मानता हो। इसलिए धर्म के नाम पर लड़ाई-झगड़े व्यर्थ हैं। माबदौलत जल्दी ही इस बात को प्रजा में पहुँचाने के लिए अनेक धर्मग्रन्थों

का फारसी तथा हिंदी भाषा में अनुवाद करायेंगे। अच्छा, अब हम तुमसे बिदा चाहते हैं।"

और, सम्राट् अकबर अपने मुसाहबों, शरीर-रक्षकों तथा सेवकों के साथ आगरे के किले की ओर चल पड़े। अन्य सभी व्यक्तियों ने भी एक-एक कर रहीम से बिदा ली। धीरे-धीरे रात्रि का घना अन्धकार सारे संसार में फैल गया। रहीम ने तभी एकान्त पाकर शहजादे सलीम को शिक्षा देने की योजना बना डाली।

८

रहीम की आकर्षक छवि, उनकी कुलीनता, गुणज्ञता और पराक्रम में चार-चाँद लगाती थी। उस समय की अनेक सुन्दरियाँ उनके रूप-सौंदर्य को देखकर अपने नेत्र तृप्त करने को उत्सुक रहती थीं। अनेक तो उनके दर्शन कर अपने जन्म को धन्य माना करती थीं। जब कभी सुन्दरियों को रहीम के कहीं जाने की सूचना मिलती तभी वे अपनी हवेलियों के झरोखों से झाँककर उनके दर्शन किया करती थीं। अनेक सुन्दरियों में तो उन्हें पति-रूप में पाने के लिए होड़ चला करती थी।

आगरे के एक साहूकार ने वृद्धावस्था में विवाह किया था। उसकी स्त्री तरुणी, रूपवती और चंचल थी। उसे कविता रचने पढ़ने और सुनने का शौक था। उसने रहीम की सभी कविताएँ दूसरों से सुनकर याद करलीं थीं। उसका नाम मदिरा था। नाम

के अनुरूप ही उसके छलकते यौवन में मादक बना देने की शक्ति थी। वह बहुत गोरी थी और उसके शरीर की बनावट अत्यन्त सुडौल थी। ऐसा मालूम पड़ता था कि मानो ब्रह्मा ने उसका एक-एक अंग साँचे में ढालकर बनाया हो। वह देखने में स्वर्ग की अप्सरा ही लगती थी। उसने रहीम की खुबसूरती की खूब चर्चाएँ सुनी थीं। परन्तु अपने नयनों से उनका दीदार[1] नहीं किया था। एक दिन उसने रहीम को शाही सवारी के साथ जाते देखा। रहीम की खूबसूरती को देखकर उसका मोह उनके प्रति और बढ़ गया। रहीम के प्रेम में वह अपने हृदय की सुध-बुध भुला बैठी।

वह रहीम को पाने के लिए आकुल-व्याकुल रहने लगी। वह अपनी दासी से रहीम को रोजाना नये-नये बहाने करके बुलाया करती थी। कभी वह रहीम को उनकी कविता को मधुर स्वर में गाकर सुनाने का बहाना करके बुलाती थी, तो कभी वह किसी उत्सव के बहाने से संगीत-सभा का आयोजन कर उसमें रहीम को आने का निमंत्रण भेज देती। कभी वह कृष्णलीला और रामलीला का आयोजन करके उसमें रहीम को बुला लेती। रहीम रसिक थे, कवित प्रेमी थे। परन्तु, उनका हृदय निश्छल था। वे शुद्ध हृदय से निमंत्रण पाकर उसके घर पहुँच जाते। धीरे-धीरे बढ़ा हुआ यह परिचय घनिष्ठ होता चला गया। पर रहीम को पर्दे की ओट में रचे जा रहे षड्यन्त्र का कुछ पता न था।

एक दिन संध्या के समय मदिरा की दासी ने रहीम से आकर कहा—"हुजूर, मेरी मालकिन आपको याद फरमाती हैं। उन्हें

१—दीदार=दर्शन

आपसे जरूरी काम है। आप अभी मेरे साथ चलें।"

रहीम ने जब दासी से बुलाने का कारण पूछा तब उसने कुछ भी नहीं बतलाया। रहीम सरल और सहज स्वभाव से उसके साथ चल दिये।

मदिरा की हवेली में पहुँचकर रहीम ने अद्भुत ठाठ देखे। आज उन्हें मदिरा ने अपने कमरे में बुलाया था। मदिरा का खूब सजा हुआ कमरा रहीम को स्वर्ग के देवताओं का निवास-सा लग रहा था। उसमें लटक रहे झाड़-फानूस, चमकते-दमकते शीशे के गोले और हाण्डियाँ मन को लुभा रहे थे। छतों तथा दीवारों में सोने-चाँदी में जड़े हुए रत्नों को झाड़-पोंछकर निखार दिया गया था, जिससे उनकी जगमगाहट कमरे की सुन्दरता को बढ़ा रही थी। कमरे में इत्र की भीनी-भीनी सुगन्ध मस्ती का वातावरण पैदा कर रही थी। बिछे पलंग तथा चौकियों पर पड़े हुए सलमा-सितारों से जड़े बिछावन, मखमली गुदगुदे गद्दे, कालीन और तकिये आकर्षण का केन्द्र बने हुए थे।

रहीम इस ठाठ-बाट को भौंचक्के बने देख रहे थे। सहसा उनकी दृष्टि एक ओर खड़ी मदिरा पर पड़ी। वे मदिरा को एक क्षण के लिए देखते ही रह गये। मदिरा ने भी उन्हें देखा। मदिरा आज सोलह शृंगार किये हुए थी। उसने अपने शरीर पर रेशमी वस्त्र धारण कर रखे थे। इन वस्त्रों पर बारीक सुनहरी काम हो रहा था। उसके शरीर पर रत्न जड़े गहने दमक रहे थे। उसके हाथों में खनखनाते कंगन, गले में झूलते बड़े-बड़े मोतियों के हार, कानों में लहराती बालियाँ बड़ी मोहक लग रही थीं। बालों में गुंथा हुआ चम्पा की कलियों का हार बरबस ही दिल को अपनी

ओर खींचे ले रहा था। रहीम मदिरा के इस ठाट-बाट के कारण को जानने के इच्छुक थे। वे उससे बोले—"आपने मुझे आज किसलिए बुलाया है?"

मदिरा रहीम के निकट आकर मुस्कुरा उठी। उसके हिरनी से सुरमई नेत्र चंचल हो गये। पहले उसने अपनी भौंरों-सी काली काली भौंहोंको बाँकी अदा के साथ तेजी से घुमाया। फिर वह अपने गुलाब की पँखुरी से कोमल ओंठों को फड़फड़ाती हुई बोली—"आपके दर्शन के लिए।"

रहीम कवि थे। वे बाँकी अदा को देखकर समझ गये कि आज मदिरा उन पर नयनों के बाण से चोट कर रही है। उन्हें अनुभव हुआ कि मनुष्य एकबार इन्द्र के वज्र को झेल सकता है। मौका पड़ने पर सिंह से भी बाँहें मिलाकर खेल सकता है। परन्तु नारी की एक मुस्कान ही उस पर गम्भीर चोट करती है। रहीम का मन दृढ़ था। वे मदिरा के प्रहार को सहते चले गये। इसी बीच मदिरा ने उन्हें अँगूरों का स्वादिष्ट रस पीने को दिया। रहीम ने उसे प्रेमपूर्वक स्वीकार कर लिया। परन्तु तुरन्त ही उन्होंने अपनी नजर मदिरा की ओर से हटा ली। अब मदिरा ने देखा कि उसके नयन-बाण का वार खाली गया। वह हिम्मत न हारी। वह रहीम के और निकट जाकर कोयल के से मीठे स्वरमें बोली—"खानखाना, आपकी भोली सूरत को हमेशा देखने के लिए मैंने आपका चित्र बनवा रखा है। पर चित्र तो चित्र है। उसमें आप जैसी मोहकता कहाँ?"

रहीम ने इसके उत्तर में कहा—"आप जब चाहें तब मैं आपके यहाँ हाजिर हो सकता हूँ। आपके यहाँ मुझे आकर कविता

संगीत और कृष्णभक्ति का आनन्द प्राप्त होता है। परन्तु जरा ध्यान रखिये कि आप कामकाज पड़ने पर ही मुझे याद किया करें। नहीं तो राजकाज में बाधा पड़ती है।"

आज मदिरा का यौवन उफन रहा था। वह होश में नहीं थी। उसे तो रहीम को पा लेने की धुन सवार थी। वह अपनी सुराहीदार गर्दन को घुमाकर बोली—"खानखाना, आप खूबसूरत हैं। मैं आपकी सुन्दरता पर अपना सब कुछ वार चुकी हूँ। आपकी सूरत मेरे मन में बस गयी है। मेरा मन आपके चन्द्र जैसे मुख को चकोर की भाँति हमेशा देखना चाहता है। मैं चाहती हूँ आप मेरे सामने रहें।"

अब रहीम ने जान लिया कि मदिरा पर आज वासना की मदिरा सवार है। वे तो विकार हीन थे। उनकी नेत्रों की सराय में तो कृष्ण का वास था। अतः उसमें पर-छवि समाती ही नहीं थी। वे मदिरा को समझाते हुए बोले—"आप होश मत खोइये। कोटि काम सुंदर कृष्ण के मुकाबले में तो मैं कण-मात्र भी नहीं हूँ। आप उसकी ही सुन्दरता को निहारें।"

वासंना अन्धी होती है। उसमें विवेक रहता ही नहीं। यही स्थिति मदिरा की थी। वह कामातुर थी। वह एकदम कह गयी—"खानखाना, आपका जीवन राजकाज में व्यस्त है। आप हर समय मेरे पास नहीं रह सकते। मैं आपके प्रेम की दीवानी हूँ। मेरी इच्छा है कि आप मुझे अपनें-सा खूबसूरत, नेकचलन, नेकख्याल और बहादुर पुत्र-रत्न दें। खानखाना, मेरी इस याचना की ठुकरायें नहीं। आप जानते हैं, मैंने आपसे प्रेम किया है और इस प्रेम-बेल को मैंने अपने आँसुओं से सींचा है।"

पुत्र रहीम

यह सुनते ही रहीम विचारों में खो गये। वे सोचने लगे कि मैंने आज तक सभी याचकों की याचनाएँ पूर्ण कर उन्हें संतुष्ट किया है। पर आज मदिरा की याचना पूरी करने की समस्या विकट है। वह कैसे पूरी हो ? कुमार्ग पर पैर रखना उन्होंने सीखा नहीं था। सदाचार को छोड़कर कुमार्ग पर पैर रखने से अच्छा तो वे मौत को गले लगाना समझते थे। मदिरा को सन्मार्ग पर लाने की भी उनकी इच्छा थी। यकायक उनका मुरझाया चेहरा खिल उठा। उन्हें एक सुन्दर उपाय सूझ आया। वे प्रसन्न होकर बोले—"मुझ जैसा पुत्र मैं कहाँ से लाऊँ ? यह मेरे बस की बात भी नहीं। तुम पुत्र को रूप, रंग, गुण और स्वभाव में मुझ-सा ही चाहती हो। मेरे-सा पुत्र तो मैं ही हूँ। तुम मुझे ही पुत्र रूप में स्वीकार करो। मैं आज से तुम्हारा पुत्र और तुम मेरी माता हो। मैं तुम जैसी माता पाकर धन्य हूँ।"

इतना कहते ही रहीम ने अपना सिर मदिरा की गोद में रख दिया। मदिरा रहीम का उत्तर सुनकर ठगी-सी रह गयी। उसके नेत्रों से आँसुओं की धारा बहने लगी। वह लज्जित हुई। उसने क्षमा याचना की। भविष्य में वह रहीम को पुत्र ही मानने लगी।

९

राजकाज से थोड़ी सी छुट्टी पाकर रहीम ने सोरों की ओर प्रस्थान किया। उनके हृदय में सोयी विराग की भावना अब फिर जोर पकड़ गई थी। उन दिनों सोरों में गोस्वामी तुलसी-

दास जी रहते थे।

सोरों में गंगा नदी के किनारे गोस्वामी तुलसीदास जी छोटी सी कच्ची कुटिया में रहते थे। उनकी कुटिया के बाहर खुला हुआ चौक था। उसको उन्होंने गोबर से लिपवाकर समतल बनवा रखा था। चौक में विभिन्न प्रकार की बेलें लगी हुई थीं। इन बेलों ने चौक के एक बड़े भाग को ढक रहा था। इस चौक में तुलसी के अनेक वृक्ष लगे हुए थे। चौक के चारों ओर किनारों पर आम के वृक्ष भी थे जिनकी सघन और शीतल छाया सुखदायक लगती थी।

सूर्योदय हो चुका था। गोस्वामी तुलसीदास जी स्नान-ध्यान से निवृत्त हो चुके थे। वे कुटिया के बाहर पड़ी हुई काठ की चौकी पर कुशा का आसन बिछाकर बैठे थे। यद्यपि वे अब वृद्धावस्था के निकट पहुँच चुके थे तथापि उनके मुखमण्डल पर तेज और काँति विराजमान थी। उनके सिर पर गोल चोटी बँधी हुई थी। उन्होंने मस्तक, छाती और हाथों पर सफेद और लाल तिलक लगा रखा था। यह तिलक उनके रामानुज सम्प्रदाय के संत होने का सूचक था। उनके बायें कन्धे पर जनेऊ और गले में तुलसी की माला पड़ी हुई थी। वे सफेद मोटी धोती पहने हुए थे। उनके शरीर पर अन्य कोई वस्त्र नहीं था। हाँ, दाहिने कंधे पर एक छोटा सा साफ पीला अँगोछा उन्होंने डाल रखा था।

गोस्वामी तुलसीदास जी की चौकी के एक ओर राम-दरबार का हाथ से बना विशाल चित्र रखा हुआ था। इस चित्र को गोस्वामी जी ने फूलों की माला से सजा रखा था। गोस्वामी जी

के ठीक सामने लकड़ी की बनी एक छोटी चौकी पर कुछ हाथ से लिखी पोथियाँ रखी थीं। उनकी कुटिया में आने वाले श्रद्धालु भक्तों की संख्या धीरे-धीरे बढ़ती जा रही थी। इन भक्तों में समाज के सभी वर्गों के लोग दिखलाई पड़ रहे थे।

आँखें मूंदकर गोस्वामी तुलसीदास जी ने भगवान राम का ध्यान किया। तत्पश्चात् उन्होंने अपने 'रामचरितमानस' से श्रद्धालु हरिभक्तों को 'अहिल्या-उद्धार की कथा' सुनायी। भगवान राम के चरणों का स्पर्श पाकर अहिल्या के उद्धार का वर्णन गोस्वामी तुलसीदास जी ने बड़े ही सुन्दर ढंग से किया। गोस्वामी तुलसीदास जी अपने कोमल कंठ से अमृत कीं वर्षा कर रहे थे। कथा को सुनकर श्रद्धालु भक्तों को अलौकिक सुख मिला। सभी के हृदयों में भगवान राम की महानता के प्रति श्रद्धा उमड़ पड़ी। कुटिया का सारा वातावरण भक्ति भाव में विभोर हो उठा।

सहसा भक्ति के सागर में गोते खाता हुआ जंगल का शांत वातावरण भंग होने लगा। घोड़ों के तेज दौड़ने से उड़ती हुई धूल तथा उनकी आवाज सारे जंगल में गूँज उठी। दूर से कुछ घुड़सवार तेजी से कुटिया की ओर आते दिखलायी पड़े। गोस्वामी तुलसीदास जी के आश्रम में बैठे हुए सभी श्रद्धालु हरिभक्त यह जानने को उत्सुक हो उठे कि वे कौन हैं? और किस कारण से इधर बढ़े आ रहे हैं?

कुछ ही समय बाद रहीम ने अपने घोड़े पर से उतर कर गोस्वामी तुलसीदास जी के आश्रम में प्रवेश किया। उनके पीछे-पीछे उनके मुसाहब और शरीर-रक्षक भी आश्रम में घुस पड़े।

आश्रम में घुसते ही रहीम ने तुलसीदास जी को देखकर तेजी से उनके चरण पकड़ लिये। तुलसीदास जी के चरण छूने पर उनके हृदय में शांति की लहर दौड़ गई। तुरन्त ही उन्होंने अपने सिर को गोस्वामी जी के चरणों में रख दिया। कुछ क्षण बाद वे बोले—"भारत की महान् विभूति के चरणों में अब्दुररहीम खानखाना अपना प्रणाम करता है।"

अब्दुररहीम खानखाना का नाम सुनकर गोस्वामी जी की प्रसन्नता की सीमा न रही। तुरन्त ही उन्होंने रहीम को अपने चरणों से उठाकर हृदय से लगाया। वे रहीम को अपने निकट पाकर महान सुखी हुए। वे बोले—"खानखाना साहब, आपके दर्शन करने की मेरे हृदय में बहुत दिनों से इच्छा थी। भगवान राम ने आज उस इच्छा को पूरा कर दिया है।

गोस्वामी जी की विनयशीलता पर रहीम हर्ष से गद्गद् होकर बोले—"आपके दुर्लभ और पवित्रतम दर्शन लाभ करके मैं धन्य हो गया हूँ।"

इसी बीच गोस्वामी जी के संकेत पर कुछ उपस्थित लोगों ने लकड़ी के तख्ते डालकर उनपर कुशा के आसन बिछा दिये। तत्पश्चात् गोस्वामी जी ने सभी से बैठने को कहा। सभी ने उन आसनों पर स्थान ग्रहण किया। रहीम को गोस्वामी जी ने अपने निकट पड़े आसन पर बैठाया।

कुछ क्षण बाद गोस्वामी जी ने रहीम से उनकी तथा सम्राट् अकबर की कुशलक्षेम पूछते हुए कहा—"खानखाना साहब, आप कुशलपूर्वक तो हैं? आपके सम्राट् अकबर और उनका परिवार आनन्दपूर्वक तो है?"

गोस्वामी तुलसीदासजी के आश्रम में रहीम

"भगवान रामचन्द्र की कृपा और आप जैसे संत के आशीर्वाद से हम सब सकुशल हैं। सारे राज्य में आनन्द और कल्याण की भावनाएँ फैली हुई हैं।" रहीम ने गोस्वामी जी की जिज्ञासा के उत्तर में कहा।

तभी रहीम ने बैठे हुए हरिभक्तों की ओर दृष्टि घुमायी। वे समझ गये कि उन्होंने यहाँ उपस्थित होकर रामकथा से मिल रहे इनके आनन्द में विघ्न डाल दिया है। अतः वे सभी से क्षमा-याचना करते हुए बोले—"गोस्वामी जी मैं आपसे तथा इन सभी हरिभक्तों से क्षमा माँगता हूँ। मैंने आप सभी की भक्ति-भावना में बाधा डाली है। आप रामकथा को फिर से आरम्भ करें सबके साथ मैं भी रामकथा सुनकर आनंद प्राप्त करूँगा।"

और यह सुनते ही गोस्वामी तुलसीदास जी ने हरिभक्तों में 'अहिल्या-उद्धार' की कथा फिर से शुरू कर दी। कथा चलती रही। रहीम का भक्त-मन उसमें डुबकियाँ लगाकर आनंद प्राप्त करता रहा। कथा समाप्त होते ही रहीम गोस्वामी जी के चरणों में सिर झुकाकर बोले—"गोस्वामी जी, मुझे इस कथा से सबधित एक प्रसंग याद आ रहा है। आप उसे सुनाने की आज्ञा दें।"

गोस्वामी जी रहीम के इस निवेदन को सुनकर प्रसन्न हो हो उठे। उन्होंने रहीम का उत्साह बढ़ाते हुए कहा—"खानखाना साहब, प्रभु राम की महिमा अपरम्पार है। उनकी कथा भी अनन्त है। आप अवश्य ही अपनी कथा सुनाइये।"

गोस्वामी जी के द्वारा प्रार्थना स्वीकार कर लिए जाने पर रहीम राम-दरवार के विशाल चित्र के आगे माथा टेककर

बोले—"सब सुनें, घटना पुरानी है। एक बार हम सम्राट् अकबर के साथ राजकाज से यात्रा कर रहे थे। मार्ग में कुछ हाथी अपनी सूंड से धूल उठाकर उसे अपने सिर पर डाल रहे थे। यह हाथी का सहज स्वभाव होता है। उन हाथियों की इस क्रिया को देखकर सम्राट् ने हमसे हाथियों के धूल उड़ाने का कारण पूछा था। हमने कहा था कि राम के अवतार लेने पर गौतम-नारी अहिल्या उनके चरणों की धूल को छूकर पत्थर से सुन्दर नारी बन गई थी। इसी कथा के आधार पर हाथी सोचते है कि हमारे उद्धार का भी यही सबसे सरल उपाय है। वे विचार करते हैं कि जिन चरणों की धूल को छूकर जड़ पत्थर सुन्दर नारी के रूप में बदल गया तो फिर हम तो चेतन हैं, जीव हैं। हमारा उद्धार अवश्य ही होगा। राम सारे भारतवर्ष में घूमे हैं। हमें उनके चरणों की धूल कहीं-न-कहीं अवश्य मिल ही जायेगी। उस चरण-भूल को पाकर ये हाथी पशु-योनि को छोड़कर मुक्ति पा लेंगे। मुक्ति पाकर उन्हें सब दु:खों से आसानी से छुटकारा मिल जायेगा। बस, इसी कारण ये हाथी सिर पर धूल धारण करते हैं।"

रहीम की इस सुन्दर कथा को सुनकर हरिभक्तों ने महान सुख का अनुभव किया। स्वयं गोस्वामी तुलसीदास जी ने रहीम की इस अनोखी व्याख्या की सराहना की। कथा के बाद भगवान राम की आरती हुई। भोग लगा। प्रसाद बटा। प्रसाद लेकर सभी भक्त लोग अपने-अपने घर की ओर चल पड़े।

गोस्वामी जी के आश्रम में फिर शान्ति आ विराजी। अब वहाँ रहीम और तुलसी ही बैठे थे। तुलसीदास जी बातें शुरू

करते हुए कहा—"खानखाना, आप धन्य हैं। आप पर लक्ष्मी और सरस्वती दोनों की कृपा है। आपकी उदार दानवीरता से मैं परिचित हूँ। दीन-दुःखियों को आप कभी निराश नहीं करते। आपके बल-विक्रम का तो कहना ही क्या? मुगल साम्राज्य को आप पर गर्व है। आप अपना जीवन सुख से बितायें। भगवान राम आप पर सदैव दयालु रहेंगे।"

गोस्वामी जी की बातें सुनकर रहीम के हृदय में विराग की भावना का वेग प्रबल हो उठा। वे कहने लगे, "गोस्वामी जी, मैं संसार के सुखों को नश्वर मानता हूँ। मुझे अधिकारों की मादकता सारहीन लगती है। मुगल-साम्राज्य के महान पद पर भी पहुँच कर मुझे शांति नहीं मिली। मुझे शांति और जीवन का परम सुख भगवान राम का सेवक बनने पर ही मिलेंगे। आप मुझे अपने चरणो में स्थान दें। मैं इसी प्रयोजन से यहाँ आया हूँ।"

रहीम की विराग भरी वाणी को सुनकर तुलसीदास जी ने उन्हें समझाते हुए कहा, "खानखाना साहब, आप जीवन में माया-मोह के जाल में नहीं फँसे, यही आपकी महानता है। आप गृहस्थी होकर भी विरागी हैं। तभी आप सबको अपना सब कुछ दे देने के लिए सदैव तैयार रहते हैं। आप अपने जीवन को प्रभु राम की इच्छा के आधीन समझें। उसे इसी भाँति चलने दें! हाँ, भगवान को न भूलें। उस पर विश्वास रखें। आप जैसे पुरुषों को पाकर ही रामराज्य उन्नत और महान बन सकता है।"

अब रहीम से न रह गया। वे अपने मन की बात को प्रकट करते हुए बोले, "पर, गोस्वामी जी, मैं संसार में रहकर राम की प्राप्ति कठिन मानता हूँ। मुझे जीवन में कोलाहल, वैभव

और विलास से अरुचि है। मैं आपका-सा सादा जीवन अपने लिए आदर्श मानता हूँ।"

यह सुनकर गोस्वामी तुलसीदास जी ने रहीम से कहा—"मेरा विचार है कि आप अपने कर्त्तव्य-पालन में लगे रहें। अपने कर्त्तव्य पालन में तन-मन से लगा रहना ही श्रेष्ठ पुरुषों के लिए उचित है। आप अपने पद पर रहकर गुणी, कवियों और दुखियों का उपकार कर रहे हैं। असहयों की सहायता करना ही सच्चा सुख है। जाति, धर्म, सम्प्रदाय आदि बिना किसी भेदभाव के मानव जाति की सेवा करने से तुम्हें ईश्वर मिलेगा। वृक्षों के फल तथा नदियों और बादलों का जल परोपकार के लिए ही होता है। इस प्रकार उदार मनुष्य की प्रत्येक वस्तु दूसरों के उपकार के लिए ही है। परोपकार सज्जनों की विभूति है। आप का जीवन प्रेम और बलिदान से पूर्ण हैं। अतः आपको संसार त्यागने की जरूरत नहीं। फिर संसार में मेरे जैसे विरागी भी चाहिएँ और आप जैसे कर्त्तव्य-पालन में लगे पुरुष भी। इसलिए मेरी दृष्टि में आपके लिए अपने पद पर बने रहना ही उचित है।"

गोस्वामी तुलसीदास की गम्भीर बात को सुनकर रहीम शांत हो गये। उनसे कुछ कहते न बना। वे सिर झुकाकर बोले "आपकी बातों में जीवन का सार छिपा है। मैं उन्हें भला कैसे अस्वीकार कर सकता हूँ? परन्तु मुझे जीवन भर आप जैसे संत की संगति में न रह पाने का दुख रहेगा।"

कुछ देर मौन रहने के बाद गोस्वामी जी ने दृढ़ता और विश्वास के स्वर में रहीम से कहा—"आज सम्राट् अकबर और

आप जैसे महामंत्री को पाकर प्रजा सुखी और संतुष्ट है। आज प्रत्येक नागरिक को अपने धर्म पालन करने की स्वतन्त्रता है। हिन्दू और मुसलमान दोनों में भेदभाव नहीं किया जाता। राज्य की ओर से मंदिर और मस्जिद दोनों को समान दृष्टि से देखा जाता है। प्रजा की भलाई करने और मानवता के पुजारी बनने की प्रभु राम आपको और अधिक प्रेरणा दें।"

अब रहीम ने अपने जीवन के उद्देश्य को समझ लिया था। उनके मन में कर्त्तव्य-पालन की भावना प्रबल हो उठी थी। वे बोले—"गोस्वामी जी आज से मेरा जीवन साम्राज्य और प्रजा की भलाई के लिये अर्पित है। अब मेरी एक बात और सुन लीजिए। मैंने आपके रामचरितमानस को पढ़ा है। वह महान है। संतों के प्राणों का आधार है। हिंदुओं के लिए तो वह वेद के समान है। रामचरितमानस को देखकर तो मुझे ऐसा लगता है कि मानो पुराणों ने रामचरितमानस के रूप में पुनर्जन्म लिया है। मैंने आपके रामचरितमानस के अनेक सोरठे तथा दोहों के भावों को उनसे छोटे छंद में लिखा है। मैंने इस छोटे छंद का नाम 'बरवै छंद' दिया है।

मेरी इच्छा है कि आप भी भगवान का गुणगान बरवै-छंद में रामायण में लिखकर करें। आपने रामचरितमानस के एक सोरठे में गणेश जी की स्तुति करते हुए कहा है—

'जिहि सुमरित सिधि होय, गणनायक करिवर बदन।
करहु अनुग्रह सोय, बुद्धि-रासि सुभ गुण-सदन॥'[1]

---

१. जिन्हें स्मरण करने से सब कार्य सिद्ध होते हैं, जो गणों के स्वामी

और, इसी भाव को इस छोटे से बरवै छंद में मैंने इस प्रकार से कहा है—

'बंदहु विघन विनासन, रिधि-सिधि ईस।
निर्मल बुधि प्रकाशन, सिसु ससि सीस॥'[1]

इसी प्रकार मैंने आपके भावों को लेकर और भी बरवै लिखे हैं।"

रहीम की इस काव्य-प्रतिभा का परिचय पाकर गोस्वामी जी आनंदित हो उठे। वे कह उठे—"खानखाना साहब, आप धन्य हैं। मुझे आपका 'बरवै छंद' बहुत पसन्द आया। आपने मेरे सोरठे और दोहे के आधार पर सुन्दर बरवै लिखकर हमारी मित्रता को सच्चे अर्थों में अमर कर दिया है। मैं भी शीघ्र ही आपके बरवै-छंद में 'बरवै रामायण लिखूंगा। आप अपनी कविता लिखना न छोड़ें। कविता तो जीवन के अनुभवों का निचोड़ है। आपका जब यह नश्वर शरीर मिट जायेगा तब आप इस संसार में अपनी कविता द्वारा ही अमर रहेंगे। हाँ, आप और भी तो बरवै मुझे सुनाइये।"

कविता सुनाने के आग्रह को टालना रहीम सीखे ही नहीं थे। उन्होंने गोस्वामी जी को अनेक बरवै सुनाये, जिनमें उन्होंने

और सुन्दर हाथी के मुख वाले हैं, वे बुद्धि के भण्डार और शुभ गुण के धाम (गणेश जी) मुझ पर कृपा करें।'

—रामचरितमानस, 'बालकाण्ड' दोहा (१)

१. इस बरवै का अर्थ इस प्रकार है—

'रहीम कहते हैं कि मैं विघ्नों को नष्ट करने वाले, ऋद्धि-सिद्धि के दाता, शुद्ध बुद्धि को देने वाले शिवजी के पुत्र गणेश जी की वन्दना करता हूं।"

गुरु और देवी-देवताओं की सुन्दर स्तुति की थी। अपने बरवै सुनाने के बाद रहीम ने भी गोस्वामी जी के मुख से रामायण के अनेक सरस-मधुर और मार्मिक प्रसंगों को सुना। काफी समय तक दोनों साहित्य प्रेमी और भक्त-मित्र कविता के आनंद में में मग्न रहे। अन्त में रहीम गोस्वामी जी से विदा लेकर आगरे की ओर चल दिए।

१०

अब रहीम को जीवन में खूब रस आने लगा था। उनके जीवन का अधिकांश समय राजकाज के सिवाय ईश्वर भक्ति और साहित्य-रचना में लगने लगा था। राजकाज के नीरस और थका देनेवाले कामों में से समय निकालकर वे कविता किया करते थे। कविता से उन्हें आनन्द मिलता था।

बादशाह बाबर ने तुर्की भाषा में 'वाकयात-बाबरी' नाम से अपना जीवन-चरित्र लिखा था। रहीम उसे पढ़कर झूम उठे। उन्होंने उसका फारसी भाषा में अनुवाद किया। सम्राट् अकबर ने जब सरल तथा सुबोध भाषा में उस अनुवाद को सुना तो वे प्रसन्न हुए। उन्होंने प्रसन्न होकर जौनपुर का जिला रहीम को पुरस्कार में ही दे दिया।

पर, राजनीति के दाँव-पेचों ने रहीम को चैन से नहीं बैठने दिया। अतः रहीम को साहित्य-साधना के लिए बहुत कम समय मिल पाता था। सिंध प्रान्त में अब्बुलफजल की हत्या के बाद

सम्राट् अकबर चिंतित हो उठे। उन्हें सिन्ध प्रान्त से मुगल साम्राज्य की जड़ें उखड़ती नजर आने लगीं। रहीम सिन्ध विजय के लिए भेजे गये। सिन्ध को जीतना गुजरात को जीतने से भी कठिन कार्य था। परन्तु परिश्रमी और साहसी व्यक्ति कठिनाइयों से नहीं घबराते। परिश्रमी व्यक्ति अपने परिश्रम और साहस से नमक वाले समुद्र से अमृत निकाल लाते हैं। रहीम ने धैर्य और साहस से काम लेकर सिन्ध के मोर्चे को संभाला। वे भाग्यशाली और पराक्रमी भी थे। विजय ने उनके चरण चूमें। लड़ाई जीतकर आने पर सम्राट् अकबर से उन्होंने पुरस्कार में मुलतान की जागीर पायी।

सिन्ध की लड़ाई से छुट्टी पाकर रहीम थोड़े ही दिन चैन से बैठ पाये। अहमदनगर के सुलतान की मृत्यु हो गयी। सुलतान के मर जाने पर उनके राज्य में गड़बड़ी मच गयी। अहमदनगर के कुछ सरदारों ने मिलकर अपने राज्य को मुगल साम्राज्य से स्वतन्त्र कराने के लिए विद्रोह की घोषणा कर दी।

अहमदनगर के इस विद्रोह की सूचना आगरा पहुँची। सम्राट् अकबर ने तुरंत ही अपने शाहजादे मुराद और खानखाना को दक्षिण के इस विद्रोह को शान्त करने के लिए भेज दिया। शाहजादा मुराद ने पुर्तगाल पुरोहितों की देखरेख में शिक्षा पाई थी। वह ईसाई धर्म की चकाचौंध से प्रभावित होकर मुस्लिम धर्म से घृणा करने लगा था। अतः उसनें खानखाना का अपमान किया। खानखाना ने उसकी बालक-बुद्धि पर तरस खाकर उसे छोड़ दिया।

सर्प दूध पीकर भी अपना विष नहीं छोड़ता। खानखाना के

साथ दक्षिण में गये शाहज़ादा मुराद की भी यही दशा थी। उसने खानखाना के मार्ग में पग-पग पर रोड़े अटकाये। इससे अहमदनगर को जीतने में बाधा उपस्थित हुई। मुराद का खानखाना से बैर का कोई कारण नहीं था। ऐसा मालूम पड़ता था कि वह किसी पिछले जन्म के बैर का बदला लेने पर तुला हुआ है। तभी तो उसने खानखाना की बदनामी करनी चाही। उन्हें अयोग्य सिद्ध करना चाहा। मुराद ने शाही-सेना के अनेक सैनिकों को गलत मोर्चे पर खड़ा करके उन्हें मरवा दिया।

खानखाना ने परेशान होकर मुराद की इन बेहूदी हरकतों की सूचना सम्राट् अकबर के पास भेजी। किन्तु, खून पानी से ज्यादा भारी होता है। सम्राट् अकबर ने उन सूचनाओं पर गंभीरता से ध्यान नहीं दिया। खानखाना अपनी इस उपेक्षा एवं अपमान के कड़ुवे घूंट को पीकर रह गये। उन्होंने मुराद से छिपाकर अहमदनगर को जीतने की योजना बना डाली। उनकी योजना सफल हुई। शाही सेना ने अहमदनगर को जीत लिया। जीतते ही उन्होंने अपनी प्रतिज्ञा के अनुसार सारा कोष दान में दे डाला। परन्तु इस विजय से उनका मन खिन्न था। उन्हें आगरा-दरबार से यश नहीं मिला।

आगरा के भरे दरबार में रहीम की खूब निन्दा की गई। उनपर शाही सेना को मरवाने तथा धन को बेकार लुटाने के मनगढ़न्त लांछन लगाये गये। मुराद ने पहले से ही सम्राट् अकबर तथा अन्य सरदारों के खूब कान भर रखे थे। अतः रहीम की एक न चली। उनका बार-बार सफाई देना भी काम न आया। इसी राजदरबार में जहाँ कभी उनकी बातें ध्यान से

सुनी जाती थीं। वहाँ आज उनकी बातें नक्कारखाने में तूती की आवाज बनकर रह गयीं। वे हताश हो गये। चुप रहना ही उन्हें ठीक जान पड़ा। अब उनका भाग्य पल्टा खा चुका था। उनके हृदय से आवाज आयी कि किसी स्थान पर जबतक आदर और सम्मान हो तभी तक रहना चाहिए। जब वहाँ आदर और सम्मान के स्थान पर अपमान होने लगे तो उसे तुरन्त छोड़ देना चाहिए।

अन्त में एक दिन अपने हृदय की इस आवाज से प्रेरणा पाकर रहीम ने चुपके से आगरा छोड़कर चित्रकूट की शरण ली।

११

मुगल-साम्राज्य के महामंत्री अब्दुररहीम खानखाना अब राजमहलों को छोड़ चुके थे। समय के फेर के कारण उनके राजसी ठाठ-बाट और वैभव विलास का जीवन आज निर्धनता में बदल गया था। उन्होंने चित्रकूट के समीप अपनी जागीर एक कस्बे में छोटी-सी घास-फूस की कच्ची झोंपड़ी बना ली थी।

इस झोंपड़ी को देखते ही रहीम के सादा जीवन, पवित्र विचार और संतोष सुख की झलक मिल जाती थी। झोंपड़ी के एक कोने में रखी हुई राधा-कृष्ण की मूर्तियों का सिंहासन तथा उसके सामने बिछे हुए नमाज़ पढ़ने के कालीन को देखते ही रहीम के भक्त-हृदय के प्रति श्रद्धा उमड़ आती थी। रहीम चित्रकूट के

इस कस्बे में रहकर अपने दिन काटने लगे।

संध्या का समय था। रहीम अपनी झोंपड़ी के बाहर आम के वृक्ष के नीचे बैठे थे। सहसा रहीम की दृष्टि आसमान की ओर उठ गयी। उन्होंने देखा कि पश्चिम दिशा में सूर्य छिपने को है। सारा आसमान छिपते हुए सूर्य की लाली से लाल हो गया है। वे सूरज के इस रूप को काफी समय तक देखते रहे। फिर उनके मन में विचार आया कि प्रातःकाल निकलते हुए सूरज का गोला बड़ा और ऐसा ही लाल होता है। वह निकलने और छिपने में एक समान तथा प्रसन्न रहता है। ठीक इसी भाँति सज्जन पुरुष सुख-दुःख में समान रहते हैं।

और फिर तुरन्त ही उनका ध्यान पलट गया। उन्हें अपने बीते जीवन की याद हो आयी। आगरे में सदा अनेक संगी-साथी उन्हें घेरे रहते थे। बहुत से उनकी चापलूसी किया करते थे। आज उनके पास धन नहीं है। उनके अनेक मित्र इधर-उधर कन्नी काट गये हैं। परन्तु सच्चे मित्र अब भी उनके साथ हैं।

वे और गम्भीर हो गये। तभी उनके मन में विचार आया कि मेरी तो बात ही क्या है ? संकट के समय सच्चे मित्र के सिवाय कोई किसी के काम नहीं आता। समुद्र को ही देखो ! जब उसमें आग लगती है तब उसके सहारे जिंदा रहने वाली मछलियाँ तक उसे छोड़ देती हैं। मेरी इस विपत्ति में मुझे एक-एक कर सभी छोड़ गये। यहाँ तक कि मेरा नौकर भी अब मेरी सेवा में रुचि नहीं लेता। वह अपना विवाह कराने के लिए पंद्रह दिन की छुट्टी लेकर गया था। और आज एक मास से भी अधिक समय बीत जाने पर भी वह नहीं लौटा। निश्चय ही दुर्दिनों में अपने पराये

हो जाते हैं। जानने वाले अनजान बन जाते हैं। परन्तु ईश्वर की कृपा से मैं तो अपने जीवन को मस्ती से बिता रहा हूँ। उदासी ने मुझे कभी भी नहीं घेरा।

रहीम इन भावनाओं में बहे जा रहे थे। सहसा उनका पुराना छुट्टी पर गया नौकर आकर उपस्थित हो गया। वह रहीम के पैरों में सिर नवाकर बोला—"मालिक, मुझे माफ करें। मैं आपकी सेवा करने से बहुत दिनों तक वंचित रहा।"

रहीम ने उसे उठाते हुए कहा—"माफ करने की कोई बात नहीं। तू मुझसे और अधिक दिन की छुट्टी माँगकर चला जाता तो मुझे तेरी चिन्ता न रहती।"

इतना सुनते ही नौकर ने अपनी जेब से एक कागज निकालकर उसे रहीम को देते हुए कहा—"हुजूर, देर होने के कारण घर से चलते हुए मैं डर रहा था। मेरी औरत ने आपकी सेवा में यह पत्र भेजा है। इसमें सारी बातें लिखी हैं।"

नौकर से रहीम ने वह कागज ले लिया। वे उसे खोलकर पढ़ने लगे। उनके आश्चर्य की सीमा न रही। उस कागज में उनका रचा यह बरवै सुन्दर अक्षरों में अंकित था—

'प्रेम प्रीति का बिरवा चलेहु लगाय।
सींचन की सुधि लीजो मुरझि न जाय॥'[1]

१—'हे प्रिय ! तुम इस प्रेम के पौधे को लगाकर चले जा रहे हो। इसे सींचने की शीघ्र ही सुध लेना (मुझे शीघ्र दर्शन देना), कहीं यह तुम्हारे प्रेम में मुरझा न जाये।' (बहुत से विद्वान् इस बरवै को रहीम रचित नहीं मानते। उनके मत के अनुसार इस बरवै में आये 'बिरवा' शब्द से प्रेरणा पाकर ही रहीम ने इस छंद को 'बरवै छंद' नाम दिया था।)

इस बरवै को पढ़कर खानखाना ने अपने नौकर से और कुछ नहीं पूछा। वे नौकर की नवविवाहिता स्त्री की चतुरता पर रीझ गये। उन्होंने 'बरवै छंद' की जनसाधारण में बढ़ती लोकप्रियता को देखकर उसमें और कविता लिखने का निश्चय किया।

× × ×

दीन-दशा में रहते हुए भी याचकों ने रहीम को नहीं छोड़ा। प्रतिदिन अनेक याचक रहीम के पास आते रहते और रहीम उन्हें अपनी शक्ति तथा सामर्थ्य के अनुसार संतुष्ट करते रहते थे। याचक को निराश और खाली हाथ लौटा देना अभी तक भी रहीम ने नहीं सीखा था।

एकदिन जब रहीम प्रातःकालीन ईश्वर पूजा कर चुके थे, तभी उनकी बेगम माहेबानू ने उनसे कहा—"झोंपड़ी के बाहर एक कवि आपका इंतजार कर रहे हैं। उन्हें धन चाहिए।"

कवि का नाम सुनकर रहीम ने कहा—"बेगम, समय-समय की बात है। एकदिन मेरे पास देने को सब कुछ था। परन्तु आज मेरे पास देने को क्या रह गया है? फिर भी याचक कवि है, उसकी याचना तो पूरी करनी ही पड़ेगी।"

और इतना कहकर रहीम झोंपड़ी के बाहर निकले। बाहर आने पर उन्होंने कवि को देखकर पूछा—"कहिए कविवर, आपको क्या चाहिए?"

वह याचक कवि बोला—"खानखाना साहब, मुझे मालूम है कि आप पर विपत्ति आयी हुई है। परन्तु मैं भी महान संकट में हूं। मेरी सहायता आपको करनी ही होती। मुझे धन चाहिए।"

याचक की याचना को सुनकर रहीम गम्भीर हो गये। वे

लम्बी सांस लेकर बोले—"कविवर, मैं यह मानता हूँ कि मेरा इस संसार में तब तक ही जीना भला है जब तक कि मेरी दान-

चित्रकूट में रहीम और याचक कवि

शीलता बनी रहे। बिना दान दिये मैं इस संसार में अपना जीना अच्छा नहीं मानता। आज मुझपर धन नहीं है। परन्तु मैं आपको धन दिलाऊँगा ही।"

रहीम की इस कठिन स्थिति को जानकर वह याचक कवि लज्जित हुआ और बोला—"खानखाना साहब, मुझे आपकी इतनी विषम स्थिति का पता न था। मुझे आप क्षमा करें। मैं आपकी दानशीलता की कहानियाँ सुनकर ही अपने संकट के समय में चला आया था। अब मुझे धन नहीं चाहिए।"

याचक कवि की इस संकोच-भरी बात को सुनकर रहीम बोले—"कविवर, याचकों को कोरा जवाब देना या खाली हाथ लौटा देना मुझे नहीं भाता। आजकल रीवाँ के नरेश महाराज रामचन्द्र जी हैं। वे मेरे परम मित्र हैं। आप उनके पास जायें। मैंने उन्हें कागज पर यह दोहा लिख दिया है—

'चित्रकूट में रमि रहे, रहिमन अवध नरेस।
जापर विपदा पड़त है, सो आवत यहि देस।।'[1]

मुझे यक़ीन है कि रीवाँ-नरेश मेरी इस सिफारिश को जरूर स्वीकार करेंगे।"

आज रहीम याचक कवि की सहायता करने के लिए निःसंकोच भाव से खुद ही भिखारी बन बैठे थे। उनकी इस महानता को देखकर उस याचक कवि के नेत्रों से प्रेम के अश्रु बहने लगे। वह रहीम को सिर झुकाकर तथा उनसे कागज पर लिखे दोहे

१—इस दोहे का अर्थ इस प्रकार है—

'रहीम कहते हैं कि भगवान राम का निवासस्थान चित्रकूट में ही है। यहीं पर उन्होंने दर्शन भी दिये थे। मेरी समझ में यह आता है कि जब जिस पर विपत्ति आती है तब वह इसी स्थान पर ही आकर रहता है। उसे यहाँ आकर अपने दुःखों के मिटने की आशा बँध जाती है।'

को लेकर रीवाँ-नरेश के पास चल दिया।

रीवाँ-नरेश ने जब रहीम का यह दोहा पढ़ा तो वे भाव-विभोर हो गये। उनके हृदय में अपने मित्र रहीम के प्रति अपार प्रेम उमड़ आया। उन्होंने पहले याचक कवि का खूब सम्मान और सत्कार किया। तत्पश्चात् अपने मित्र की सिफारिश पर उसे एक लाख रुपया देकर बिदा किया। क्योंकि, वे रहीम के दोहे का मूल्य उससे कम न समझते थे।

× × ×

दिन तेजी से बीतते जा रहे थे। रहीम के पास अब जीवन को आनन्द से बिताने का साधन कविता सुनना और सुनना ही रह गया था।

रहीम अपने सुख-दुःख को भाग्य के खेल समझते थे। अब वे इस खेल को संतोष के साथ मस्त रहकर देखते चले जा रहे थे। वे कर्मगति से प्रभावित थे। अब उनका यह दृढ़ विचार बन गया था कि कर्म की गति अटल होती है। वह टाले नहीं टलती। कर्म मनुष्य को ठीक इसी प्रकार से नचाते हैं जैसे कि कठपुतली का खेल करने वाला उसे अपने संकेतों से नचा नचाकर मनुष्यों को प्रसन्न कर दिया करता है। कर्मगति केइस प्रभाव सेही राम भ्रम से सोने के मृग के साथ चले गये और सीता को रावण के साथ जाना पड़ा। यह कर्मगति अपने हाथ में नहीं होती।

इन दुर्दिनों में रहीम को अत्यधिक कष्ट और वेदना सहनी पड़ी। उन पर विपत्ति के बादल मँडराते रहे। इस बुरे समय में उनका सब कुछ नष्ट हो गया। परन्तु रहीम ने किसी से कुछ भी नहीं कहा। वे शांत स्वभाव से सब कुछ सहते चले गये।

परन्तु, एक दिन रहीम की विपत्ति के बादलों को हटना पड़ा। सुबह की पहली किरण के साथ रहीम के भाग्याकाश में सुख की नयी किरण फूट पड़ी। उन्हें शाही हरकारे ने आकर एक पत्र दिया। यह पत्र सम्राट् अकबर ने उन्हें भेजा था। रहीम ने इस पत्र को पाकर तेजी से खोल डाला। वे उसे एक साँस ही में पढ़ गये। पत्र पढ़कर वे प्रसन्नता से उछल पड़े। वे तुरन्त ही अपनी बेगम को पुकारते हुए बोले––"सुनती हो बेगम, बादशाह सलामत की गलतफहमी दूर हो गयी है। उन्होंने सारा कसूर अपने बेटे मुराद का मान लिया है। मुझे शीघ्र ही आगरा आने का हुक्म दिया है। वे मुझे फिर दक्षिण में भेजना चाहते हैं। चलो, यह थोड़े दिन के लिए आयी विपत्ति मित्रों एवं अमित्रों की परीक्षा करने का अच्छा अवसर दे गयी। प्रभु कृष्णचन्द्र की कृपा से यह सब हुआ है। इसलिए बेगम मेरी इच्छा है कि तुम इस अवसर पर कोई सुन्दर पद गाओ।"

बेगम माहेबानू ने इस समाचार को पाकर प्रसन्नता का अनुभव किया। उन्होंने उस शुभ समय पर अपने मधुर कण्ठ से सुन्दर गीत गाकर खानखाना के आनन्द को दुगना कर दिया।

दूसरे दिन प्रातःकाल की सुन्दर सुखद बेला में रहीम आगरा को चल दिये।

मुगल-साम्राज्य में वैसे तो सर्वत्र शांति और व्यवस्था फैली हुई थी। परन्तु दक्षिण का प्रदेश अभी तक सम्राट् अकबर के लिए सिर दर्द बना हुआ था। वहाँ का उपद्रव सम्राट् अकबर के लाख प्रयत्न करने पर भी शांत नहीं हो सका था।

सम्राट् अकबर ने रहीम से दक्षिण की डाँवाडोल स्थिति

के बारे में सलाह-मशविरा किया। दोनों ने एकमत होकर दक्षिण के उपद्रवों को शांत करने के लिए खानदेश का एक नया सूबा बनाने का निश्चय किया। इस सूबे का सूबेदार सम्राट् अकबर के पुत्र सुलतान दानियाल को बनाया गया। रहीम ने इस सूबे की व्यवस्था करने के लिए खुद को दीवान बनाने की पेशकश की। अकबर ने इसे प्रसन्नता से स्वीकार कर लिया इसके बाद खानखाना अपने परिवार सहित खानदेश की ओर चल दिये।

सुलतान दानियाल सभ्य और सुसंस्कृत युवक था। वह भी हिन्दी काव्य प्रेमी था और हिन्दी में थोड़ी-बहुत कविता भी करता था।

वह खानखाना का अदब किया करता था। खानखाना को वह हमेशा अपने बुजुर्ग के रूप में देखा करता था। खानखाना भी उसकी सुन्दरता, ईमानदारी, बहादुरी, तहजीब तथा अदब से प्रभावित थे। वे उसके गुणों के प्रशंसक बन गये।

एक दिन उन्होंने सुलतान दानियाल के सामने अपनी पुत्री जाना बेगम से विवाह करने का प्रस्ताव रखा। सुलतान दानियाल जाना बेगम के रूप, गुण और संगीत ज्ञान पर पहले से ही मुग्ध था। उसने रहीम की बात खुशी-खुशी मान ली। रहीम ने सम्राट् अकबर से भी दानियाल और जाना बेगम की शादी की चर्चा की। सम्राट् अकबर ने भी इस रिश्ते को मंजूर कर लिया। और फिर शुभ मुहूर्त्त खोजकर रहीम ने अपनी पुत्री के हाथ पीले कर दिये।

अब रहीम के दिन मस्ती से कटने लगे। उनकी दानशीलता भी फिर बढ़ने लगी। एक दिन वे याचकों की मण्डली को दान

दे रहे थे। उस समय रहीम के आश्रित कवि गंग भी वहीं बैठे थे। कवि गंग रहीम का दान देना ध्यान से देख रहे थे। रहीम हर याचक को बड़ी नम्रता से दान देने के लिए हाथ ऊँचा करते जाते थे। परन्तु उनके नेत्र नीचे हो जाते थे। क्योंकि दानदाता होने का घमण्ड या अहसान का भाव उन्हें छू तक नहीं गया था। कवि गंग से नहीं रहा गया। रहीम के दान देने के इस सुन्दर ढंग को देखकर उनके मुख से सहसा यह भाव फूट पड़ा—

'सीखे कहाँ नवाबजू, ऐसी देनी देन।
ज्यों-ज्यों कर ऊँचा करो, त्यों-त्यों नीचे नैन ॥'[1]

रहीम को भी कवि हृदय प्राप्त ही था। साथ ही वे अत्यन्त विनयी एवं निरभिमानी भी थे। उनका हृदय भक्ति के भावों से भरा था। वे अपनी दानशीलता को ईश्वर की कृपा मानते थे। वे कवि गंग के दोहे का कविता में ही सूझबूझ के साथ उत्तर देते हुए बोले—

'देनहार कोउ और है, भेजत सो दिन रैन।
लोग भरम हम पर धरैं, या ते नीचे नैन ॥'[2]

१—'हे खानखाना नवाब, आप ऐसा दान देना कहाँ से सीखे है? आप दान देने के लिए जैसे-जैसे बड़ी नम्रता से हाथ ऊँचा करते हैं वैसे-वैसे आपके नेत्र नीचे होते जाते हैं।'

२—इस दोहे का अर्थ इस प्रकार है—
'रहीम अपनी दानशीलता को ईश्वर की कृपा मानते थे। उन्हें दानी होने का तनिक-सा भी अभिमान नहीं था। वे कहते है कि दान देने वाला मैं नही हूँ। दाता तो ईश्वर है, जो रातदिन देता रहता है। परन्तु दान लेने वाले याचक उस दाता को भूलकर भ्रम से मुझे ही

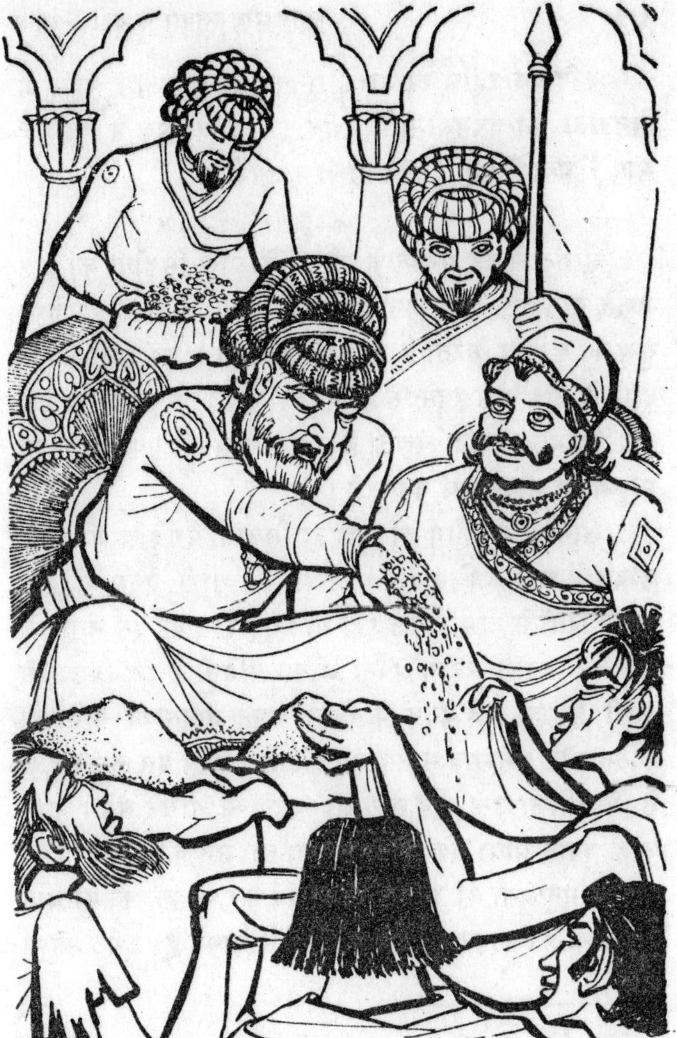

दानी रहीम

कवि गंग रहीम का उत्तर सुनकर दंग रह गये। रहीम में विनम्रता की चरमसीमा के दर्शन कर उनके मुख से 'धन्य हैं आप ! धन्य हैं आप !' की वाणी फूट पड़ी।

× × ×

सुख-दुःख हर मनुष्य के जीवन में आँख-मिचौनी का खेल खेलते रहते हैं। इनके लगातार खेलते रहने से ही मनुष्य कभी सुख का अनुभव करता है तो कभी दुःख का। इन दोनों के एक दूसरे के बाद आते रहने से ही मनुष्य जीवन के अनेक रूप देख कर विभिन्न स्वाद चखता है। सुख-दुःख की धूप-छाँह में ही मनुष्य का जीवन पूर्ण बनता है।

खानदेश में रहीम को सुख ही मिला। पर दुःख भी उनके जीवन में आने के लिए बैठा था। उनकी प्यारी बेगम माहेबानू काफी दिनों से बीमार चल रही थीं। एक दिन वह इस संसार से कूच कर गयीं। रहीम अपनी जीवन-संगिनी के इस बिछोह से दुःखी हो उठे। वे बेगम के बिना अपने जीवन की यात्रा को कठिन और असम्भव मानने लगे। उनका हृदय इस कठोर दुःख से तिलमिला उठा। वे संन्यासी बनने की सोचने लगे। तभी उन्हें ध्यान आया कि संन्यास लेना तो मन की कायरता है। सच्ची मनुष्यता तो संसार में संघर्ष कर जीवन की गुत्थियाँ सुलझाना है। कायर मनुष्य ही संसार से भागते हैं। कर्मठ मनुष्य

दान देने वाला (दाता) मान बैठे हैं। उन याचकों की गलत बात को जब मैं सुनता हूँ तब मुझे लज्जा हो आती है। इसी से मैं अपने नेत्र नीचे किये रहता हूँ।'

का मार्ग संन्यास नहीं है। उनके दुःख का वेग समय बीतने के साथ-ही-साथ कम होता चला गया। पत्नी के बिछोह की पीड़ा ने उनके हृदय में विराग तो उत्पन्न किया, परन्तु कर्त्तव्यों में फँसे रहने के कारण उन्हें अपना निश्चय छोड़ देना पड़ा। राजनीति के उलझन भरे दाँव-पेचों में फँसने से भी उनका यह दुःख धीरे-धीरे कम हो गया। उधर उनकी पुत्री जाना बेगम भी अब अपने पिता की पहले से अधिक देखभाल करने लगी।

अभी पत्नी की मृत्यु के दुःख की पीड़ा को रहीम भूल नहीं पाये थे। इसी बीच सम्राट् अकबर की मृत्यु का समाचार मिला। इस समाचार को सुनते ही उनके हृदय पर बिजली गिर पड़ी। हृदय पर पत्थर रखकर उन्होंने इस समाचार को सुन लिया। मृत्यु के आगे किसी का वश नहीं चलता। यह हर एक को अपना निशाना बनाती है। इसलिए रहीम बेबस थे।

अकबर की मृत्यु के समाचार से रहीम का हृदय बहुत अधिक दुःखी रहने लगा। उन्होंने किसी भाँति अपने हृदय को समझा तो लिया। परन्तु उनका यह दुःख हृदय रोग में बदल गया। वे अब हृदय रोग से पीड़ित रहने लगे।

अब रहीम के पैर दो मार्गों पर रखे हुए थे। एक ओर वे हृदय रोग की पीड़ा से पीड़ित थे। दूसरी ओर दक्षिण के अस्थिर एवं अशांत राजनीतिक वातावरण पर उन्हें काबू पाना था। वे कर्त्तव्यशील थे। अतः वे अपने दुःख की परवाह न करते हुए राजनीतिक दाँवपेचों को सुलझाने में लगे रहे। उन्हें वहाँ दम मारने की फुरसत तक नहीं मिलती थी।

इधर आगरा में जहाँगीर राजसिंहासन पर बैठ चुका था।

उसने अपने गुरु रहीम से आशीर्वाद पाने के लिए अनेक संदेश भेजे। रहीम का मन तो आगरे में पड़ा था। पर राजकाज से उन्हें छुट्टी नहीं मिल पा रही थी।

कई वर्ष बीत गये। रहीम को कुछ फुरसत सी दिखलायी पड़ी। तो, एक दिन वे खुशी-खुशी आगरा की ओर चल दिये।

१३

आगरे के किले के दीवाने खास में आज अन्य दिनों से अधिक चहल-पहल थी। मुगलिया सल्तनत के कीर्ति-स्तम्भ अब्दुररहीम खानखाना आज दरबार में आनेवाले थे। दीवाने-खास को खूब झाड़-पोंछकर सजाया गया था। दीवानेखास के बीचोंबीच चाँदी सोने के सुन्दर सिंहासन पर जहाँगीर बैठा हुआ था। उसके सिंहासन के पास बिछे लाल मखमली बिछावन पर मुसाहब बैठे हुए थे। थोड़ी ही दूर पर सल्तनत के कुछ कर्मचारी, बादशाह के शरीर रक्षक, नौकर आदि हाथ बाँधे हुए इधर-उधर सतर्कता से खड़े थे।

थोड़ी ही देर में दरबान ने प्रवेश किया। वह बादशाह सलामत को सिर झुकाकर बोला—"जहाँपनाह, अब्दुररहीम खानखाना दक्षिण से आ चुके हैं। वे आपके हुजूर में हाजिर होना चाहते हैं।"

इस समाचार को पाकर जहाँगीर ने अपार प्रसन्नता का अनुभव किया। उन्होंने दरबान को हुक्म देते हुए कहा—"जाओ,

खानखाना को सम्मान के साथ तुरन्त ही दरबार में ले आओ।"

दरबान सिर झुकाकर चला गया। कुछ समय बाद रहीम ने अपने मुसाहबों तथा शरीर-रक्षकों के साथ राजदरबार में

गुरु-शिष्य मिलन

प्रवेश किया। उनके पीछे कुछ नौकर भी बढ़े चले आ रहे थे। एक नौकर के सिर पर बड़ा-सा थाल रखा था। यह थाल सुन्दर

सलमे-सितारों से कढ़े हुए कपड़े से ढका हुआ था। उसमें रक्खे अकेले जवाहिरातों का मूल्य ही तीस लाख रुपया था। रहीम के दीवानेखास में प्रवेश करते ही सभी मुसाहबों में हलचल मच गयी। उन सभी के नेत्र खानखाना के दर्शन करने के लिए व्याकुल थे। सम्राट् जहाँगीर को छोड़कर सभी सभासद खानखाना के सम्मान में खड़े हो गये।

रहीम राजसिंहासन पर बैठे हुए बादशाह जहाँगीर को देखकर उनकी ओर तेजी से आगे बढ़े। वे झपटकर सम्राट् जहाँगीर के चरणों में गिर पड़े। सम्राट् जहाँगीर ने दयालुता से उन्हें ऊपर उठाकर छाती से लगा लिया। फिर कुछ देर बाद जब सम्राट् जहाँगीर अपने सिंहासन पर बैठ गये तब रहीम ने अपने नौकर के सिर पर रखे कपड़े से ढके थाल को अपने हाथ में ले लिया। उन्होंने थाल के कपड़े को हटाकर उसे सम्राट् के चरणों में रख दिया। इस थाल में मोतियों के दो हार, कई हीरे और मणिक थे। बादशाह ने उस नज़राने को स्वीकार किया। इसके बाद सम्राट् के संकेत पर रहीम तथा अन्य दरबारी अपने अपने स्थान पर बैठ गये।

सभी के शात हो जाने के बाद सम्राट् जहाँगीर ने कहा—"खानखाना, मेरे गुरु होने के नाते तुमको मेरी बहुत पहले सुध लेनी चाहिए थी।"

इस पर रहीम ने कहा—"जहाँपनाह, मेरा मन आपके मरहूम पिता सम्राट् अकबर की मृत्यु के बाद से ही आगरा आने का था। परन्तु दक्षिण के झगड़े निपटते ही न थे। मैं दक्षिण में उलझा रहकर आपकी सेवा कर रहा था। अब वहाँ शांति है।"

सम्राट् जहाँगीर, जो पहले से ही रहीम की कर्त्तव्यनिष्ठा से प्रभावित थे, बोले—"खानखाना, आज तुम्हारे हर कार्य से यह साफ मालूम देता है कि तुम मुझसे मिलकर आनन्द और उत्साह का अनुभव कर रहे हो। तुम मेरे पास आते वक्त यह भी नहीं जान पाये कि यहाँ तुम पाँव से आये हो या सिर से। तुम यहाँ आकर बहुत व्याकुल दिखलायी दे रहे थे। मैंने तुम्हें उठाकर अपनी छाती से लगाया और अपनी तथा तुम्हारी छाती को ठण्डा किया।"

रहीम सम्राट् जहाँगीर की इस आत्मीयता को देखकर गद्गद् होकर बोले—"आलीजाह, मुझपर आपकी कृपा है। अब आपके राज्य में अमन, सुख और चैन है। मैं आपके साम्राज्य की दिन दूनी रात चौगुनी बढ़ोतरी की कामना करता हूँ। आप के राज्य में प्रजा सुखी रहे। मेरी यह प्रभु से प्रार्थना है कि आप चिरायु हों। आज आपके दर्शन कर मेरी एकमात्र शेष इच्छा भी पूरी हो गई। अब मैं अपने बाकी जीवन को कृष्ण की जन्म-भूमि मथुरा मे रहकर बिताने की आज्ञा चाहता हूँ। आप मुझे राजकाज से छुट्टी दे दें।"

रहीम के इस निश्चय को सुनकर सम्राट् जहाँगीर आश्चर्य में डूब गये। उन्हें अभी रहीम से दक्षिण में और काम लेना बाकी था। वे रहीम को समझाते हुए बोले—"खानखाना, अभी तुम्हें छुट्टी कैसे मिल सकती है? जानते हो मेरे वालिद मरहूम शहन्शाह अकबर के इंतकाल के बाद दक्षिण ने फिर सिर उठा लिया है। मलिक अम्बर ने औरंगाबाद बसाकर हमसे अहमद-नगर छीन लिया है। ऐसे समय में तुम्हारा राजकाज से वैराग्य

लेकर मथुरा में जा बसना हमें पसन्द नहीं आयेगा। दो-चार वर्ष मुगल-साम्राज्य की अभी और सेवा करने के बाद फिर तुम जैसा चाहो वैसा ही करना।"

रहीम चक्कर में पड़ गये। सम्राट् जहाँगीर की प्रार्थना पर उनके हृदय में दया उमड़ आयी। वे बोले—"जहाँपनाह, मैंने मुगल-साम्राज्य की जी-जान से सेवा की है। मेरे खानदान ने आपके यहाँ का नमक खाया है। मेरी नस-नस में बहते खून में आपके यहाँ का नमक ही तो मिला है। फिर, मैं आपकी आज्ञा को कैसे अस्वीकार कर सकता हूँ? मुझे आपको रूठाकर छुट्टी थोड़े ही लेनी है। आपके लिए यह बूढ़ा शरीर हाजिर है। परन्तु मेरी इच्छा है कि मैं दक्षिण में जाने से पहले एक वार कृष्ण की जन्मभूमि के दर्शन अवश्य कर आऊँ।"

तुरंत ही सम्राट् जहाँगीर ने रहीम की स्वामिभक्ति की सराहना करते हुए कहा—"खानखाना, तुमसे ऐसी ही आशा थी। मैं तुम्हें दक्षिण में जाने के लिए अपना सानी न रखनेवाला 'फतह' नाम का हाथी भेंट करता हूँ। यह तुम्हें हर जगह फतह दिलवायेगा। इसके साथ बीस श्रेष्ठ हाथी और देता हूँ। ये भी खूब लड़ाकू हैं। तुम्हारे लिए मैंने अद्वितीय ईरानी घोड़ा भी मँगा रखा है। वह भी आज तुम भेंट में स्वीकार करो। इतना ही नहीं मैं तुम जैसे बहादुर को अपनी जड़ाऊ तलवार भी भेंट करने में गर्व का अनुभव करता हूँ। हाँ, तुम दक्षिण में जाने से पहले ब्रजभूमि का दर्शन करने जा सकते हो।"

खानखाना ने सिर झुकाकर सम्राट् जहाँगीर की भेंट स्वीकार की। कुछ देर बाद उन्होंने अपने मुसाहबों, नौकरों तथा

अंगरक्षकों के साथ दीवानेखास से बिदा ली।

१४

रहीम का रोम-रोम कृष्णभक्ति में रम चुका था। वे अपनी आँखों को मधुर मुरली के बजैया, माखनचोर आनन्दकन्द भगवान श्रीकृष्णचन्द्र की जन्मभूमि को देखकर तृप्त करना चाहते थे। ब्रज का कण-कण उन्हें पुकार रहा था। वे ब्रजभूमि के दर्शन को चल पड़े।

भादों के महीने में ब्रजभूमि की छटा अनोखी होती है। कृष्ण जन्म के उत्सव से पहले ही ब्रज में कृष्ण-लीलाओं की धूम मच जाती है। उन दिनों कृष्ण के जीवन की अनेक झाँकियाँ दिखलाई जाती हैं जो भक्तों के आकर्षण का केन्द्र बन जाती हैं। रहीम भी भादों के महीने में ब्रजभूमि पधारे।

उस समय ब्रजभूमि में कृष्णभक्ति का खूब प्रचार हो रहा था। उत्तर भारत में कृष्णभक्ति के प्रचारक महाप्रभु बल्लभाचार्य जी ने गोवर्द्धन पर्वत पर श्रीनाथजी का मंदिर बनवाया था। इस मंदिर में नित्यप्रति होती हुई श्रीकृष्णचन्द्र की लीलाओं को देखकर भक्तगण आनन्द प्राप्त कर रहे थे। अब ब्रज में द्वापर का-सा दृश्य उपस्थित हो गया था। श्रीनाथजी के दर्शन के लिए सारे भारत के कोने-कोने से जन-समुदाय उमड़ रहा था। उस समय महाप्रभु बल्लभाचार्य जी के सुपुत्र गोसाईं बिट्ठलनाथजी श्रीनाथ जी की सेवा में लगे हुए थे।

रहीम श्रीनाथजी के मंदिर के प्रवेश द्वार पर पहुँचे। वे जैसे ही मंदिर के अन्दर घुसने को बढ़े वैसे ही द्वारपालों ने उनके मुस्लिम वेश को देखकर अन्दर जाने से रोक दिया। इसमें द्वारपालों का कुछ भी दोष न था। उन्होंने तो अपने नेत्रों से रहीम के ऊपरी वेश को ही देखा था। वे रहीम के विशाल भक्त हृदय और पवित्र आत्मा के बारे में कुछ जानते ही नहीं थे। रहीम तो सच्चे हीरे थे। उन्हें अपने मुँह मियाँ मिट्ठू बनना आता ही नहीं था। वे जानते थे कि हीरा पत्थर होता है। तो भी उसका मूल्य जौहरी आँक लेता है। इस प्रकार अपने मुख से खुद अपनी बड़ाई करने में मनुष्य की महानता नहीं रहती।

वे वेश बदलकर भी मंदिर में जा सकते थे। परन्तु इस प्रकार की कुटिलता उन्हें कतई पसन्द नहीं थी। वे भगवान के मंदिर में सीधे और सरल मार्ग से ही प्रवेश करना चाहते थे। अतः वे द्वारपालों पर भी बिना किसी प्रकार का क्रोध या रौब दिखलाये हुए चुपचाप खड़े रहे।

काफी देर खड़े रहने के बाद उनके हृदय में भावों का तूफान उठ खड़ा हुआ। वे मन ही मन सोचने लगे—"प्रभु के दरबार में जाति-पाँति नहीं होती। वहाँ सब समान हैं। मैं मुसलमान हूँ। इसी कारण से द्वारपालों ने मुझे मन्दिर में प्रवेश करने से रोक दिया है। मैं राजदरबारी होने के नाते नियम और व्यवस्था जानता हूँ। इसलिए मैंने द्वारपालों की आज्ञा का पालन किया है। परन्तु मैं कृष्ण-भक्त हूँ। आज मैं भी अपने भगवान कृष्ण के दर्शन किये बिना यहाँ से पीछे हटने वाला नहीं। भगवान को मुझे दर्शन देने ही होंगे। यदि भगवान मुझे तुच्छ या म्लेच्छ समझते है, तो याद

रहे, हजारों रुपये के मूल्य का घोड़ा एक दमड़ी की लकड़ी से ही बाँधा जाता है। इस प्रकार मुझ तुच्छ को दर्शन देकर भगवान का प्रभाव बढ़ेगा। प्रभु को मुझ अछूत की छूत नहीं लगेगी। मेरे प्रभु सर्वव्यापी हैं। सबके घट-घट में वासी हैं। वे मेरे मन-मन्दिर में भी विराजमान हैं। परन्तु आज मैं उनका दर्शन उनके मन्दिर में ही करूँगा।"

रहीम भावना के प्रवाह में बहते जा रहे थे। परन्तु एक ओर तो वे हिंदुओं की धार्मिकता की रक्षा करना चाहते थे और दूसरी ओर उनका मन अपने प्रभु कृष्ण के दर्शन के लिए छटपटा रहा था।

भगवान भावना के भूखे हैं। इसी समय दैवयोग से गोस्वामी बिट्ठलनाथ जी मन्दिर के बाहर आये। रहीम ने उन्हें देखा और उन्होंने रहीम को। दोनों हरिभक्त एक दूसरे को देखते ही आनंदित हो उठे। गोस्वामी विट्ठलनाथ जी ने लपककर रहीम को गले से लगा लिया। उन्होंने रहीम से कुशल-क्षेम पूछने के बाद मन्दिर में चलकर ही विश्राम करने का अनुरोध किया। रहीम उदार हृदय वाले थे। वे गोस्वामी जी से बोले—"गोस्वामी जी, आपके द्वारपालों ने मुझे मुसलमान होने के कारण मन्दिर में घुसने से रोक दिया। आपके धर्म की इस व्यवस्था को मैं तोड़ना नहीं चाहता। मैं अब मन्दिर में प्रवेश नहीं करूँगा। परन्तु भगवान के दर्शनों का भूखा हूँ। मेरा मन उन तक पहुँच चुका है। मैंने अपने मन को वश में करके प्रभु में लगा दिया है। मन के वश में होने पर नारायण अवश्य वश में हो जायेंगे। जहाँ चाह है, वहीं राह है। मुझे विश्वास है कि मेरे मुरली मनोहर राधा-

श्रीनाथजी के मन्दिर का प्रवेश द्वार और रहीम

कृष्ण मुझे अवश्य ही दर्शन देंगे।

और इसी बीच में मन्दिर में भगवान को चन्दन के हिण्डोले में झुलाया जाना शुरू हो गया था। मणि-कंचन की डोर से बँधे हिण्डोले में साज-शृंगार किये श्याम शरीर वाले भगवान श्रीकृष्ण-चन्द्र जी अपनी प्राणप्यारी राधा जी के साथ विराजमान थे। उनकी सुन्दर विश्वमोहिनी झाँकी बरबस ही मन को मोहित कर रही थी। यह हिण्डोला हिलता हुआ कभी मन्दिर के प्रवेश द्वार की ओर आता था तो कभी वह अन्दर की ओर चला जाता था। रहीम ने इस हिण्डोले में झूलते हुए जब अपने प्रभु की मधुरमूर्ति के दर्शन किये तब वे अपनी सुधबुध भूल गये। उन्हें उस समय भगवान कृष्ण के नेत्रों की शोभा सफेद कमल में बैठे भँवरे की भाँति लगी। वे उन नेत्रों को अपने यहाँ चाँदी के पात्र में रखी शालिग्राम की मूर्ति की भाँति मान बैठे। भगवान की इस अनुपम छवि को वे बिना पलकों को झपके निरन्तर देखते रहे। अब प्रभु दर्शन की उनकी कामना पूरी हो चुकी थी। सब्र का फल मीठा होता है। अब उनका कवि-हृदय जाग उठा। उन्होंने हिण्डोले को कभी अपनी ओर और कभी दूर आते-जाते देखा। उन्हें धनुष द्वारा चढ़े हुए तीर को पहले तेजी से अपने पास और फिर शक्ति से दूर फेंकने का व्यवहार भी ऐसा ही लगा। अनायास उनके मुख से यह दोहा फूट पड़ा—

'हरि रहीम ऐसी करी, ज्यों कमान सर पूर।
खैंचि आपनी ओर को, डारि दियौ पुनि दूर॥'[1]

१—इस दोहे का अर्थ है—

'हे कृष्ण! आपने मेरे साथ ऐसा किया है जैसा कि बाण के साथ धनुष

गोस्वामी बिट्ठलनाथ जी रहीम की इस भक्ति-भावना पर मंत्रमुग्ध हो गये। इसी समय उनके आदेश से भगवान का भोग भी आ गया। वे उसे रहीम को देते हुए बोले—"खानखाना साहब, आप महान पुरुष हैं। आप प्रभु का भोग लेकर हमें कृतार्थ करें।"

रहीम ने प्रभु के भोग को सहर्ष स्वीकार किया। वे गोस्वामी बिट्ठलनाथ जी के अनुरोध पर ब्रजभूमि के सभी तीर्थों में घूमे। कुछ दिनों बाद वे फिर से अपने कर्तव्य पालन के लिए ब्रजभूमि से चल पड़े।

१५

मेवाड़ केसरी राणा प्रतापसिंह ने सम्राट् अकबर की आधीनता स्वीकार नहीं की थी। वे जीवन भर स्वतन्त्रता की ज्योति जगाते हुए जंगलों में घूमते रहे। कष्टों को तो उन्होंने खुशी से स्वीकार किया, परन्तु सम्राट् अकबर के सामने उन्होंने सिर झुकाने से साफ इंकार कर दिया। स्वतन्त्रता के पुजारी, दृढ़-प्रतिज्ञ और शूरवीर महाराणा प्रतापसिंह की मृत्यु के बाद उनके

करता है। पहले धनुष अपने पर बाण को रखकर अपनी ओर खींचता है और फिर उसे बहुत दूर पर फेंक देता है जिससे वह बहुत दूर गिर जाता है। इसी प्रकार हे भगवन्! पहले तो आपने मुझ पर कृपाकर अपनी भक्ति में (प्रेम में) अपनी ओर खींच लिया और इसके पश्चात् इतना दूर फेंक दिया है कि कि उसका निकट से दर्शन तक प्राप्त नहीं होता।'

पुत्र महाराणा अमरसिंह ने भी मुगलों की आधीनता स्वीकार नहीं की थी। मेवाड़ को जीतने के लिए अभी तक मुगल-साम्राज्य की ओर से अनेक प्रयत्न जारी थे। रहीम भी कई बार वहाँ गये थे। सम्राट् अकबर के जमाने में उन्होंने उदयपुर को जीतकर मुगल साम्राज्य में मिलाया भी था। परन्तु मेवाड़ का गौरव फिर भी जीता न जा सका। वहाँ के राणा ने कभी भी हार स्वीकार नहीं की। वे कठिनाइयों में रहकर भी मुगल साम्राज्य से लोहा लेते रहे। मेवाड़ की स्वतन्त्रता मुगल बादशाह की आँखों में किरकरी की भाँति खटकती रही।

सम्राट् जहाँगीर ने भी मेवाड़ को जीतने की कोशिशें कीं। उसकी सेना ने भी कई बार मेवाड़ पर चढ़ाइयाँ कीं, परन्तु उसे हर बार मुँह की खानी पड़ी। मेवाड़ उसके लिए सिरदर्द बना हुआ था।

महाराणा प्रतापसिंह की दृष्टि में रहीम का स्थान बहुत ऊँचा था। वे रहीम को आदर की दृष्टि से देखते थे। उनकी मृत्यु के बाद उनके पुत्र महाराणा अमरसिंह तो रहीम से विशेष अवसरों पर सलाह भी लेने लगे थे। वे भी रहीम को अपना सच्चा हितैषी मानने लगे थे।

महाराणा अमरसिंह लम्बे समय से चले आ रहे युद्ध से परेशान हो गये थे। युद्धों में फँसे रहकर कोई भी राज्य उन्नति नहीं कर सकता। युद्ध की अग्नि किसी भी राज्य की धन-सम्पदा को स्वाह कर डालती है।

एक दिन रहीम के पास महाराणा अमरसिंह का भेजा हुआ दूत आया। उसके हाथ राणाजी ने निम्नलिखित दो दोहे

भेजे थे—

'हाड़ा कूरम राव बड़, गोखाँ जोग करन्त।
कहियो खानखाना ने, बनचर हुआ फिरन्त॥'
तुबरासूँ दिल्ली गई, राठौरा कनवज्ज।
राण पय पै खान नें, वह दिन दीसे अज्ज॥"

रहीम ने इन दोहों को पढ़ा। वे भाव-विभोर हो गये। उन्होंने तुरन्त ही एक कागज पर यह दोहा लिखकर दूत को दे दिया—

'धर रहसी रहसी धरम, खप जासी खुरसाण।
अमर विसम्भर ऊपरे, राखो नहचौ राण॥"[1]

---

[1] मुगल सेननापति अब्दुररहीम खानखाना को मेवाड़ की तत्कालीन स्थिति का दिग्दर्शन कराते हुए उनसे सहायता के अभिलाषी राणा अमरसिंह लिखवाते हैं कि—

१—'हड़ौती के हाड़े व जयपुर के कच्छवाहे आदि बड़े-बड़े राजपूत सरदार आज मुगलों के द्वार को ताकते हैं। महलों का अधिवासी महाराणा भी आज अपनी स्वतन्त्रता की रक्षा के लिए बन-पक्षियों की तरह बन-बन में भटक रहा है।'

२—'जिस प्रकार तँवरों से दिल्ली का शासन गया, राठौरों को कन्नौज छोड़ना पड़ा वैसे ही महाराणा को लगता है कि शायद आज वह दिन आ गया है जबकि राणा को भी इस पवित्र मेवाड़ की पर्वतमालाएँ व झरनों के पानी का त्याग करना होगा अर्थात् मेवाड़ को परतन्त्रता के बन्धन में झौंकना होगा।'

३—'हे राणा अमरसिंह, यह पृथ्वी सदा यहीं रहेगी, धर्म भी बना रहेगा, किन्तु अनीति पर चलने वाले बादशाह नष्ट हो जायेंगे। आप इस भाव में विश्वास रखिये और ईश्वर पर भरोसा कीजिये।'

साथ ही वे दूत को समझाते हुए बोले—"तुम अपने महाराणा अमरसिंह से कहना कि वे चिन्ता न करें। मैं शीघ्र ही मेवाड़ के चले आ रहे लम्बे युद्ध को खत्म कराने की कोशिश करूँगा।"

दूत ने रहीम को सिर झुकाकर बिदा ली। उसके चले जाने के तुरंत बाद ही रहीम ने शाही महल की ओर प्रस्थान किया।

रहीम बादशाह जहाँगीर के दरबार में पहुँचे और अपने आने का कारण बतलाते हुए बोले—"जहाँपनाह, मैंने मेवाड़ के युद्ध को खत्म करने का उपाय सोच लिया है। इसके बारे में मैं आपसे सलाह-मशविरा करने आया हूँ।"

सम्राट् जहाँगीर खुद भी मेवाड़ के युद्ध को खत्म करना चाहता था। उसने उत्सुकता से पूछा—"खानखाना, क्या सचमुच ही तुमने कोई उपाय सोच लिया है? माबदौलत की भी दिली इच्छा है कि मेवाड़ का युद्ध खत्म होना ही चाहिए।"

खानखाना ने देखा कि सम्राट् भी अब इस युद्ध से परेशान हो गये हैं। अतः वे भी समझौता करने को राजी हो सकते हैं। इसलिए रहीम अवसर का लाभ उठाकर बोले—"आलीजाह, मैं उस राजा को श्रेष्ठ मानता हूँ जो चन्द्रमा के समान स्वयं भी प्रकाशित होकर अन्धकार को दूर करे तथा तारों के समान छोटे-छोटे राजाओं को भी राज्य करने दे। सूर्य के समान तेजबल से पूर्ण राजा मेरी दृष्टि में किसी योग्य नहीं। सूर्य तो अपने प्रकाश को ही प्रकाशित होने देता है। उसके आगे अन्य छोटे-छोटे तारों

के समान राजाओं का प्रकाश नष्ट हो जाता है।[२] आप महान् हैं। महाराणा अमरसिंह से सम्मान के साथ सन्धि कर लें। इस संधि में आप महाराणा अमरसिंह को वचन दें कि उन्हें आपके दरबार में उपस्थित नहीं होना पड़ेगा। इस प्रकार जहाँ उनका स्वाभिमान कायम रह सकेगा वहाँ आपकी श्रेष्ठता भी बनी रहेगी।"

सम्राट् ने रहीम की वाणी में सार पाया। उन्हें यह संधि-प्रस्ताव सम्मान जनक लगा। तुरन्त ही संधि-पत्र का मसविदा तैयार कर दिया गया। तत्पश्चात् रहीम को ही इस संधि को लागू करने का भार सौंप दिया गया।

× × ×

रहीम के साथ संधि-प्रस्ताव लेकर कुछ अन्य मुसाहब भी उदयपुर पहुँचे। मुसाहब लोग अपने साथ अपनी बेगमों को भी उपयपुर सैर कराने ले गये थे। युद्ध का भय था ही नहीं।

उदयपुर पहुँचकर रहीम तथा सभी मुसाहब राज-काज में में लग गये। मुसाहबों की बेगमें उदयपुर के के पहाड़ी दृश्यों की सैर करने निकलीं। एक दिन उन्हें अकेली घूमती देखकर राणा के सैनिक पकड़ कर ले गये।

बन्दी बनायी हुई बेगमों को लिए सैनिक राणा के दरबार में पहुँचे। सैनिकों के सरदार ने राणा का अभिवादन करके

२—रहिमन राज सराहिए, ससि सम सुखद जो होय।
कहा बापुरो भानु है, तप्यो तरैयन खोय॥

—रहीम

कहा—"महाराज, हमने मुगलों की बेगमों को बन्दी बनाया है। इन्हें आप तोहफे के रूप में सरदारों में बाँट दें।"

राणा अमरसिंह इस समाचार को सुनकर दुःखित हो उठे। वे सभी सरदारों को संबोधित करते हुए बोले—"मेरे सरदारों, माना कि मुगल लोग विलासी हैं। हमारी माँ-बहिनों की इज्जत लूटने में वे तनिक भी नहीं हिचकते। परन्तु हमें अपना धर्म नहीं छोड़ना चाहिए। हमें हर स्त्री को माँ-बहिन के रूप में देखना चाहिए इस बुरे कार्य के लिए मैं तुम सबको इस बार क्षमा करता हूँ। किन्तु भविष्य में कभी भी ऐसी घटना नहीं दोहरायी जानी चाहिए। तुम्हें मालूम होना चाहिए कि हमारे हितैषी एवं मुगल-साम्राज्य के महामन्त्री अब्दुररहीम खानखाना यहीं उदयपुर में आये हुए हैं। वे आदर्श पुरुष हैं। मेरे हृदय में उनके प्रति अपार श्रद्धा है। यदि वे इस घटना को सुनेंगे तो दुःखी होंगे और मुझे भी उनके सामने लज्जित होना पड़ेगा।"

इसके बाद महाराणा अमरसिंह ने उन बंदी बेगमों से क्षमा माँगी। तत्पश्चात् अपने सेनापति को बुलाकर उन सभी को उनके साथ उदयपुर के मुगल-दरबार में भेज दिया। रहीम इस घटना को सुनकर महाराणा अमरसिंह के प्रति अत्यधिक श्रद्धा से भर गये।

कुछ दिनों तक रहीम उदयपुर में रहे। महाराणा अमरसिंह ने भी उनका स्वागत-सत्कार किया। रहीम ने महाराणा अमरसिंह को संधि-प्रस्ताव दिखलाया। महाराणा अमरसिंह उस संधि-प्रस्ताव से सहमत हुए। एक दिन संधि-पत्र पर हस्ताक्षर हो जाने के बाद रहीम उदयपुर से चल पड़े।

१६

बारह हजार घुड़सवार, दस लाख रुपये, अनेक बढ़िया हाथी तथा सेना के लिए रसद लेकर खानखाना अब्दुररहीम दक्षिण की ओर चल दिये। दक्षिण में जो विशाल शाही सेना थी, वह इसके अतिरिक्त थी। इस विशाल शाही सेना के साथ जाते समय रहीम का यह दृढ़ विश्वास था कि वे दो वर्ष में दक्षिण के सभी उपद्रवों को शांत कर राजकाज से छुट्टी पा जायेंगे।

सम्राट् जहाँगीर ने रहीम की वृद्धावस्था को देखकर अपने पुत्र परवेज तथा अन्य कई सेनानियों को भी उनकी सहायता करने के लिए पीछे से भेज दिया।

शाही सेना की दक्षिण में पहुँचते ही मालिक अम्बर की सेना से मुठभेड़ हुई। शाही सेना ने अम्बर की सेना के कदम उखाड़ दिये। परन्तु परवेज विजय का सेहरा खानखाना के सिर पर कब बँधने देना चाहता था। वह मालिक नूरजहाँ के इशारों पर चलकर युवराज-पद प्राप्त करना चाहता था। नूरजहाँ चतुर थी, समय से लाभ उठाना जानती थी। उसने परवेज के मार्ग में मुगलिया सल्तनत के प्रभावशाली आदमियों का सहयोग मिलना असम्भव देखा। उन सभी को रास्ते से हटाने के लिए उसने अनेक षडयंत्र रच डाले। खानखाना जैसे बहादुर सिपहसालार के माथे हार का इल्ज़ाम लगवा देना भी उन षडयन्त्रों में से एक था। तभी तो परवेज ने खानखाना के मना करने पर भी वर्षाऋतु में

चढ़ाई कर दी। इससे खानखाना को लड़ाई में हार का मुंह देखना पड़ा।

सल्तनत की ओर से इस हार के लिए खानखाना को दोषी ठहराया गया। उन्हें दरबार में वापिस बुला लिया गया। खानखाना ने अपनी सफाई देना उचित नहीं समझा। वे जानते थे कि दरबार में आजकल नूरजहाँ ने सबको अपने काबू में कर रखा था। अतः उनकी सच्चाई में अब यहाँ कोई यकीन करने वाला था ही नहीं! वे मन मार कर रह गये। अपने हार के कलंक को मिटाने के लिए चुपचाप अवसर की प्रतीक्षा करने लगे।

कुछ समय बाद कन्नौज एवं कालपी में विद्रोह की चिन्गारियाँ भड़क उठीं। खानखाना को वहाँ भेजा गया। खानखाना ने स्थिति पर सहज ही में काबू पा लिया। आगरा दरबार ने दबे स्वर में अपनी गलती स्वीकार की। दक्षिण से रहीम के पीठ फरते ही मुगलों की जान पर आ बनी थी। फलतः खानखाना को फिर दक्षिण में जाने का शाही हुक्म हुआ।

इस बार दक्षिण में रहीम के साथ उनका बड़ा पुत्र शाहनवाजखाँ भी गया था। वह भी अपने बाप की तरह बहादुर था। उसने रहीम के साथ मिलकर मलिक अम्बर को पूरी तरह से परास्त कर दिया। दो घण्टे के भयंकर युद्ध के बाद मलिक अम्बर की सेना के छक्के छूट गये। अन्त में विजयश्री मुगलों को मिली।

अब खानदेश, बरार और अहमद नगर पूरी तरह से मुगल-साम्राज्य के अंग हो गये थे। रहीम ने इन क्षेत्रों में प्रजा की भलाई के लिए खूब कार्य किया। उनके जनहित कार्यों से प्रजा और देश में खुशहाली छा गयी।

सुदूर दक्षिण में गोलकुण्डा और बीजापुर के सुलतानों ने अभी तक मुगल-साम्राज्य की अधीनता स्वीकार नहीं की थी। सम्राट् जहाँगीर ने आगरे से शाहजादे खुर्रम (जो बाद में शाहजहाँ के नाम से प्रसिद्ध हुआ) को वहाँ भेजा। शाहजादे खुर्रम ने गोलकुण्डा और बीजापुर के सुलतानों को हरा दिया। दोनों राज्यों को मुगल-साम्राज्य की आधीनता स्वीकार कर संधि करनी पड़ी।

खुर्रम योग्य, वीर और होनहार शाहजादा था। बादशाह ने खुश होकर उसको अपना उत्तराधिकारी बनाया और शाहजहाँ की उपाधि दी थी। नूरजहाँ भी खुर्रम से बहुत खुश थी। उसने अपने भाई आसफखाँ की पुत्री मुमताज़महल का विवाह खुर्रम से कर दिया था। वह भी खुर्रम को हिंदुस्तान के भावी शहन्शाह के रूप में देखती थी।

खानखाना तो गुणों के प्रशंसक थे। वे खुर्रम में अनेक गुणों तथा योग्यताओं को देखकर उसके सहयोगी बन गये। खुर्रम की उन्होंने अनेक संकटों के समय में सहायता की थी। खुर्रम भी उनके लिए सदा जान न्यौछावर करने को तैयार रहता था।

× × ×

इधर खानदेश का सूबेदार बनने के बाद सुलतान दानियाल विलासी हो गया। वह खूब शराब पीने लगा। खानखाना ने भी उसे बहुत समझाया। उसे प्यार भरी डाँट भी दी। अन्त में खानखाना ने शाहजादे के पास शराब पहुँचवानी बन्द करवा दी। अपने कई विश्वासी सिपाहियों का कड़ा पहरा भी बैठाया। पर शाहजादे की जीवन रक्षा न हो सकी। शाहजादा नौकरों से शराब

की शीशियों को पगड़ी में छिपवा कर मँगवाता था। इस भेद के खुलने पर भी वह हारा नहीं। फिर उसके लिए बंदूकों की नली में शराब भरकर आने लगी। तेज शराब के कारण बंदूकों की नली का मोर्चा भी अब उसमें घुल-घुलकर मिलने लगा। उसकी इस बुरी लत को छुड़ाने के लिए किये गये सभी प्रयत्न असफल रहे। आखिर में विष पूर्ण शराब उसे ले डूबी।

दानियाल के मरने के बाद जाना बेगम ने सती होने की इच्छा प्रकट की। रहीम ने उसे समझाते हुए कहा—"बेटी, तेरे सिवाय अब इस संसार में मेरा और कौन रहा है। तेरी माँ पहले ही मर चुकी है। तू बूढ़े बाप की सेवा करने के लिए जिंदा रह। जो मर गया है, वह वापिस नहीं आ सकता। तू सती होकर उसे नहीं पा सकेगी।"

जाना बेगम के हृदय में दुःख की अग्नि धधक रही थी। उसने चारों ओर नजर दौड़ाकर अपने बूढ़े पिता रहीम को इस संसार में अकेला पाया। वह पिता के करुणा भरे वचनों को सुन-कर सती न हुई। पति-वियोग में दुःखी रहकर भी उसने पिता की हर सुख-सुविधा का सदा ध्यान रखा। जब तक वह जीवित रही तब तक उसके लिए विधवा जीवन का प्रत्येक दिन पहले दिन ही के समान रहा।

अब दक्षिण में पूरी तरह से शांति कायम हो गयी थी। आगरा से रहीम को दरबार में उपस्थित होने की सूचना मिली। खानखाना आगरा-दरबार में उपस्थित हुए। वहाँ उनका सम्मान किया गया। उन्हें 'सात हजारी' मनसब का पद दिया गया। खानदेश, बरार और अहमद नगर इन तीनों सूबों की उन्हें सूबे-

दारी भी मिली। खानखाना बुरहानपुर के शाही महल में चैन से जिन्दगी बिताने लगे। इधर उन्होंने खुर्रम से घनिष्ठता बढ़ा ली थी। खुर्रम के साथ उन्होंने अपनी पौत्री का विवाह भी कर दिया था।

१७

सम्राट् जहाँगीर को भी शराब पीने की बुरी आदत पड़ गयी थी। वह शराब का नशा करके राजकाज से बेखबर रहने लगा था। नूरजहाँ चतुर और चालाक थी। वह रूपवती, गुणवती और विदुषी होने के साथ ही साथ राजनीति खूब समझती थी। इस अवसर से लाभ उठाकर उसने अपने पति जहाँगीर को पूरी तरह से अपने वश में कर लिया। इतना ही नहीं उसने सारा राजकाज भी अपने हाथों में संभाल लिया। उसने शासन में अपने पिता, भाई और अन्य सम्बन्धियों को ऊँचे-ऊँचे पद प्रदान कर दिये थे। जहाँगीर तो केवल नाम-मात्र का बादशाह रह गया था। सही रूप में तो सारा मुगल-साम्राज्य पूरी तरह से नूरजहाँ की मुट्ठी में था।

नूरजहाँ मलिका बनने से पहले बंगाल के सूबेदार शेरअफ़गान की पत्नी थी। परन्तु वह बचपन से ही जहाँगीर से प्रेम करती थी। जहाँगीर भी उसे दिल से चाहता था। किन्तु सम्राट् अकबर उन दोनों के विवाह से सहमत नहीं था। अतः उसने नूरजहाँ का विवाह बंगाल के सूबेदार शेरअफ़गानसे करा दिया था।

जहाँगीर के शासन-काल में शेरअफ़गान बागी हो गया था। वह मारा गया। उसकी विधवा पत्नी नूरजहाँ जहाँगीर को मिल गयी। शेरअफ़गान से नूरजहाँ के एक पुत्री भी हो चुकी थी।

नूरजहाँ ने अपनी पुत्री का विवाह शाहज़ादे शहरयार से कर दिया था। अब वह शहरयार को मुगल-साम्राज्य का उत्तराधिकारी बनाने का स्वप्न देखने लगी थी। उसे अपने मार्ग में रहीम और खुर्रम ये दो ही बड़ी रुकावट जान पड़े। अतः उसने इस कार्य के लिए प्रसिद्ध सरदार महावतखाँ से साठगाँठ कर ली। उसने महावतखाँ को खानखाना बनाने का लालच दिया। महावतखाँ राजी हुआ। उसने तुरन्त ही रहीम से खानखाना के पद को छीनकर उसे महावतखाँ को दिलवा दिया। शाहजहाँ को उसने दक्षिण छोड़कर उत्तर में कान्धार जाने का शाही फरमान जारी करा दिया।

फरमान को पाते ही शाहजहाँ के हृदय में विद्रोह की ज्वाला धधक उठी। रहीम हृदय से शाहजहाँ के साथ थे। उन्हें भी बिना किसी कारण के अपना पद छिन जाना पसन्द नहीं था। शाहजहाँ नरजहाँ का जानी दुश्मन हो गया। उसने विद्रोह का झण्डा खड़ा कर दिया। जहाँगीर ने विद्रोह का दमन करने के लिए शाहजादा परवेज के साथ मुगल सेनापति महावतखाँ को दक्षिण में भेज दिया। शाहजहाँ के लिए मुगल-सेना का सामना करना कठिन कार्य था।

रहीम अब भी मुगल-सल्तनत के प्रति वफादार थे। उनके हृदय में बादशाह जहाँगीर और शाहजहाँ के प्रति गहरी सहानुभूति थी। वे दोनों के अहसान से दबे थे। इस सारे विद्रोह की

की जड़ में वे नूरजहाँ का हाथ देखते थे। रहीम ने विद्रोह को खत्म करने के लिए चुपके-चुपके कोशिशें शुरू कर दीं।

रहीम ने शाहजहाँ से छिपाकर एक पत्र जहाँगीर को लिख दिया। साथ ही मुगल-सेनापति महावतखाँ को भी सीख देने के लिए भी एक पत्र लिख दिया। इस पत्र में केवल गिने-चुने ये अक्षर थे—"इस बगावत[1] की जड़ घरेलू झगड़े हैं। काश कि तुम समझ सकते। मैं इस गड़बड़ी को मिटाने के लिए तुमसे मिल भी सकता हूँ।"

शाहजहाँ के गुप्तचरों ने महावतखाँ को भेजे जाने वाले इस पत्र को पकड़ लिया। शाहजहाँ ने पत्र को पढ़ा। वह आगबबूला हो उठा। उसने तुरन्त ही रहीम को बुला भेजा। रहीम शाहजहाँ के खेमे में उपस्थित हुए। उन्होंने शाहजहाँ को सिर झुकाकर आदाब किया। शाहजहाँ ने उसका कोई उत्तर नहीं दिया। उसने रहीम को बैठने के लिए भी नहीं कहा।

तभी शाहजहाँ ने रहीम को पत्र दिखलाते हुए कहा—"यह पत्र तुमने महावतखाँ को लिखा था? तुम उससे संधि करना चाहते हो। तुम्हें यदि नूरजहाँ और महावतखाँ से ही सहानुभूति है तो फिर मेरे साथ खड़े होने का क्यों दिखावा करते हो? तुमने यह पत्र लिखकर हमारी कमजोरी जाहिर की है।"

इसके साथ ही रहीम ने शाहजहाँ का क्रोध से तमतमाता हुआ लाल चेहरा भी देखा। वे सयत स्वर में बोले—"शाहजादा साहब, यह पत्र मैंने लिखा है। मुझे बादशाह सलामत और आपके

१—बगावत=विद्रोह

बीच चल रहे झगड़े से देश, राज्य तथा खानदान का कोई लाभ होता नजर नहीं आता। मुझे आपके वालिद तथा आपके सिवाय और किसी से भी इस मामले में कोई हमदर्दी नहीं है। इस मामले में नूरजहाँ तथा महावतखाँ से मेरी सपने में भी हमदर्दी नहीं हो सकती। मैं सुलह को कमजोरी नहीं, गलतफहमी दूर करने का सबसे अच्छा रास्ता मानता हूँ।"

शाहजहाँ का खून उबल रहा था। वह रहीम की दी गयी इस सफाई की तह में न जा सका। उसने गरजते हुए कहा—"तुम धोखेबाज हो। पहले शत्रु की ओर झुकना चाहते थे। अब पकड़े जाने पर बातों के घुमाव-फिराव से मुझे बहकाना चाहते हो। मेरी आँखों में धूल झोंकना सरल कार्य नहीं है। तुम्हारी बातें मुझे कतई पसन्द नहीं।"

रहीम ने धीरज नहीं छोड़ा। वे शाहजहाँ को समझाते हुए बोले—"अजीज[1] शाहजादे, मैंने आज तक राजनीति से कोई भी स्वार्थ पूरा नहीं किया है। मैं तो अब तक कभी का इस जंजाल से छुट्टी पा चुका होता। परन्तु आपके वालिद ने मुझे छुट्टी नहीं दी। मैं तो अब भी यही कहता हूँ कि आप ही मुगलिया सल्तनत के उत्तराधिकारी हैं।"

कभी-कभी संदेह की जड़ें गहरी पैठ जाती हैं। वे निकाले नहीं निकलतीं। यही हाल शाहजहाँ का था। वह बोला—"बहुत वर्ष पहले तुम्हारे वालिद मरहूम ने भी अकबर शहन्शाह को ऐसा ही धोखा दिया था। तुमने भी आज हमें धोखा देना चाहा

१—अजीज=प्यारा

था। हम बच गये। मक्कारी और धोखाधड़ी तुम्हारे खानदान की नस-नस में समायी हुई है। सत्तर वर्ष की उम्र में तुमने अपना मुंह इस नमकहरामी से काला कर लिया है। हमें इसका कोई गिला नहीं। भेड़िये का बच्चा आदमी में बड़ा होकर भी अन्त में भेड़िया ही रहता था। तुम बूढ़े हो पर उपदेश देने में माहिर हो। तुम्हारी कविता मेरे लिए धोखा है। तुम्हारी राम-कृष्ण की पूजा केवल ढोंग है, दिखावा है। तुम्हारा क्या विश्वास ? तुम न पूरे हिंदू हो और न मुसलमान ! सब धर्म धोखा देने को पाप कहते हैं। तुमने मुझसे दगा किया है। इसकी सजा मैं तुम्हें कैद में सड़ा कर दूंगा। मैं तुम जैसे धोखेबाज के फन को सदा-सदा के लिए कुचल देना चाहता हूँ।"

रहीम ने भाग्य के खूब खेल देखे थे। उन्हें अब और अधिक सफाई देना उचित न जान पड़ा। वे केवल इतना ही बोले—"आप राजा हैं। मुझे कैद में डाल सकते हैं। सर्प, घोड़ा, नारी, राजा, नीच जाति और हथियार इन सबका पता नहीं कब उलटा वार कर दें। पर जब तक माखन खाने वाला कृष्ण मेरा रक्षक है तब तक मेरा कोई कुछ भी नहीं बिगाड़ सकता।"

शाहजहाँ ने कोई उपाय न देखकर अन्त में जहाँगीर से माफी माँग ली। वह चुपचाप अपने उत्तराधिकारी के प्रश्न को हल करने में लग गया।

रहीम को कैद में डाल दिया गया। मुगल-सेनापति महावत खाँ रहीम के पीछे हाथ धोकर पड़ा था। उसने रहीम को कैद में अनेक कष्ट दिये। रहीम ने सब कष्टों को सहा और मुंह से उफ़ भी न की।

रहीम कैद में पड़े सड़ रहे थे। उनकी जागीर और मंसबदारी छिन गयीं थीं। महावतखाँ भी उनके वंश का पूरी तरह से नामोनिशान मिटाने पर तुला हुआ था। रहीम के दो पुत्र पहले ही लड़ाइयों में काम आ चुके थे। अब उनके वंश की निशानी के रूप में छोटा पुत्र दराबखाँ ही बचा था। एक दिन महावतखाँ ने उनके पुत्र दराबखाँ का सिर काट लिया। इस प्रकार रहीम के वंश का अन्तिम दीपक भी बुझ गया। कटे हुए सिर को निर्दयी महावतखाँ ने एक थाल में ढककर रहीम के पास 'तरबूज का उपहार' कहकर भेज दिया।

तरबूज शहीदी

रहीम ने जब सुना कि महावतखाँ ने उन्हें तरबूज का उपहार भेजा है, तो वे चौंक उठे। उन्होंने तेजी से उस थाल का

कपड़ा उठाया। कपड़ा उठाते ही उनकी आँखों में अन्धेरा छा गया। वे अपने पुत्र की निर्मम हत्या हुई जानकर मूर्छित से हो गये। परन्तु शीघ्र ही कठोर होकर बोले—"यह उस दुष्ट महावतखाँ का भेजा हुआ उपहार 'तरबूज' नहीं। यह तो 'तरबूज शहीदी' है। मेरे बेटे का कटा हुआ यह सिर मेरी आँखों में बस गया है। इससे बहता हुआ लाल खून मेरी आँखों में खून बरसता रहेगा। मेरे क्रोध को बनाये रखेगा। मेरा क्रोध तब तक शांत नहीं होगा जब तक कि मैं उस नीच महावतखाँ का खून न कर डालूंगा।"

और इतना कहकर वे मौन हो गये। उनके नेत्र आँसुओं से भर गये। वे बहुत रात गये तक करवटें बदलते रहे। पता नहीं कब नींद ने आकर उनकी आँखों में डेरा जमा लिया।

१८

रहीम अभी कैद में थे। उनकी सुध लेने वाला कोई नहीं था। फिर एक बार उनके लिए सब पराये हो चुके थे। अपने कहे जाने वाले मित्र शत्रु का सा व्यवहार कर रहे थे। इतना ही नहीं उनके बहुत से मित्रों ने उनकी उन्नति से जलकर जहाँगीर के कान भरने शुरू कर दिये थे। वे रहीम को नष्ट करने में लग गये थे। रहीम को ठोकर मारकर ही वे आगे बढ़ना चाहते थे। रहीम को सब सूचनाएं मिल रही थीं। वे अनुभव कर रहे थे कि दीपक को बुझाने से बचाने के लिए वस्त्र की ओट में

छिपा लिया जाता है, परन्तु वही रक्षक वस्त्र बुरे समय के प्रभाव से चोट कर दीदक को बुझा देना है। ठीक इसी प्रकार आज मेरे मित्रों का आचरण हो रहा है। मुगल-सम्राट् जहाँगीर के राज्य में मेरी दुर्दशा हो रही है। पर कुसमय में ऐसा होता ही है। वे आज दीन की भाँति जेल में सड़ रहे थे उनके प्रति आज किसी भी सहानुभूति नजर नहीं आ रही थी। वे मौन होकर सब कुछ देख रहे थे।

रहीम को अपनी एक बहुत पहले लिखी कविता का स्मरण हो आया। वे सोचने लगे कि मेरा कवि हृदय भविष्य की बात जानता था। तभी तो मैंने पहले ही लिख दिया था—

'बड़ेन सों जान पहिचान कै 'रहीम' कहा,
जौ पै करतार ही न सुख देनहार है।
सीतहर सूरज सों, नेह कियो याही हेत,
ताऊ पै कमल जारि डारत तुषार है॥
क्षीरनिधि माँहि धँस्यो शंकर के सीस बस्यो,
तऊ न कलंक नस्यो ससि में सदा रहे।
बड़ो रिझिवार है चकोर दरबार है,
कलानिधि सो यार तऊ चाखत अँगार है।"[1]

१—इस पद का अर्थ इस प्रकार से है—

'रहीम कहते हैं कि बड़ों से जान-पहचान से ही कुछ नहीं होता जब तक कि भगवान सुख न दें।

कमल ने सूरज से प्रेम किया है (कमल सूरज के निकलने पर खिलता है और छिपने पर मुरझा जाता है), परन्तु फिर भी कुहरा हिमवर्षा करके

महावतखाँ का प्रभाव दिनोंदिन बढ़ता जा रहा था। नूरजहाँ भला यह कैसे सहन कर सकती थी। वह उससे जलने लगी। उसे महावतखाँ की नीतियों से चिढ़ होने लगी। अब अप्रसन्न होकर महावतखाँ नूरजहाँ का प्रबल शत्रु हो गया था। इसी कारण से वह शाहजादा शहरयार को छोड़कर शाहजादा परवेज को मुगल साम्राज्य का उत्तराधिकारी बनाने पर तुल गया था। दोनों के स्वार्थ टकराने लगे। महावतखाँ ने विद्रोह का षड्यंत्र रचा। उसने झेलम नदी के किनारे शाही सेना को घेर लिया। बादशाह जहाँगीर कैद कर लिये गये। नूरजहाँ ने महावतखाँ का सामना किया। वह भी हार गयी और कैद कर ली गयी।

नूरजहाँ चतुर थी। उसने पहले होशियारी से खुद को कैद से मुक्त करा लिया। बाद में उसने जहाँगीर को भी कैद से छुड़ा लिया। इधर शाहजादा परवेज की मृत्यु हो गयी। परन्तु महावतखाँ हिम्मत न हारा। वह अब छिपे-छिपे शाहजहाँ का समर्थन करने लगा था।

इस विकट संकट के समय जहाँगीर को रहीम की याद हो आयी। उन्होंने तुरन्त ही रहीम को जेल से छोड़े जाने का फर-

---

उसकी पँखुड़ियों को छिन्न-भिन्न कर डालता है।

क्षीर सागर में रहकर और भगवान शंकर के सिर पर सुशोभित होकर भी चन्द्रमा में जो कलंक है वह मिट नहीं पाया है।

चकोर का मित्र चन्द्रमा है। वह चन्द्रमा से बहुत प्रेम करता है, किन्तु फिर भी उसे अँगारे खाने पड़ते हैं। (ऐसा कहा जाता है कि चन्द्रमा की किरणों के भ्रम में चकोर अँगारे खा लेता है।)'

मान जारी कर दिया। रहीम को दरबार में हाजिर होने का हुक्म भी दिया गया। जेल से छूटते ही रहीम जहाँगीर से मिलने चल पड़े।

१९

इस समय जहाँगीर लाहौर के शाही महल में रह रहे थे। गर्मी की ऋतु थी। दोपहर का समय था। बेहद गर्मी और चिलचिलाती धूप होश उड़ाये दे रही थी। शाही महल में गर्मी से बचने के लिए खस की टट्टियाँ, शामियाने, कनातें आदि लगे हुए थे। जहाँगीर का दरबार लगा हुआ था। उसके सिंहासन के निकट चाँदी की चौकी पर शाहजहाँ भी बैठा था। दरबार में अनेक दरबारी उपस्थित थे। आज राजकाज के कई महत्वपूर्ण विषयों पर चर्चा चल रही थी। शाहजहाँ उन चर्चाओं में विशेष रुचि ले रहे थे। उन्हें अब स्पष्ट हो गया था कि भविष्य में मुगलिया सल्तनत का भार उनके ही कंधों पर पड़ने वाला है।

इसी बीच दरवान ने शाही दरबार में प्रवेश किया और सिर झुकाकर कहा—"जहाँपनाह, अब्दुररहीमखाँ आ गये हैं। वे आपकी खिदमत में हाजिर होना चाहते हैं।"

जहाँगीर ने दरबान को हुक्म देकर उन्हें सम्मान के साथ दरबार में ले आने की आज्ञा दी। दरबान आज्ञा पाकर चला गया।

शीघ्र ही रहीम ने दरबान के साथ राजदरबार में प्रवेश

किया। बादशाह को देखते ही रहीम ने तेजी से आगे बढ़कर अपना सिर उनके चरणों में झुका दिया। वे काफी देर तक बादशाह के चरणों में पड़े रहे, उठे नहीं। अन्त में जहाँगीर ने उनके सिर पर हाथ रखकर कहा—"अब्दुररहीमखाँ, अब उठ जाओ। मावदौलत ने तुम्हें कसूरवार नहीं पाया। जो कुछ भी हुआ वह भाग्य का खेल था। भाग्य के खेल को मिटाना आपके या हमारे बस की बात नहीं थी। अब दुःख प्रकट करने से क्या होता है। जो बीत गयी सो बात गयी।"

रहीम ने जहाँगीर के शब्दों में कुछ दया के भाव देखे। वे उठकर उसके चरणों में बैठ गये। परन्तु जहाँगीर ने उन्हें उठाकर गले लगाया और कहा—"मावदौलत आज फिर से तुम्हें खानखाना का पद तथा तुम्हारी जागीर लौटाने की घोषणा करते हैं।"

इस घोषणा को सुनकर रहीम ने सिर झुकाकर जहाँगीर के प्रति आभार प्रकट किया और कहा—"जहाँपनाह, आज ईश्वर की कृपा और आपकी दया से मुझे दूसरी बार जीवन और खानखाना की पदवी मिली है। मैंने हमेशा यही चाहा कि मुगल-साम्राज्य फूले-फले। मैंने जितनी भक्ति आपके प्रति प्रकट की उतनी ही शाहजादे खुर्रम के प्रति शाहजादा खुर्रम के मुझपर बहुत से अहसान हैं। वे मेरे अजीज भी हैं। पर मेरा बुरा समय आने के कारण वे मुझे गलत समझ गये। मैं उनके खिलाफ नहीं था। परन्तु उत्तराधिकार के लिए जो झगड़ा मचा, उसे मैं अच्छा नहीं समझता था। मैं सुलह कराना चाहता था। इसके लिए मैंने आपको भी पत्र लिखा था और महावतखाँ को भी। महावतखाँ

इस पत्र से शाहजादे खुर्रम मुझे धोखेबाज और दगाबाज समझ बैठे। मुझे जेल में रहना पड़ा। मेरे पुत्र का सिर कलम किया गया। मेरे पोते को मार डाला गया। मेरा सारा खानदान तबाह हो गया।"

और कहते-कहते रहीम का गला भर आया। उनकी आँखें डबडबाने लगीं। जहाँगीर ने उनका धीरज बँधाते हुए कहा—"खानखाना, हमें तुमसे निहायत हमदर्दी है। तुम्हारे साथ घटे दर्दनाक वाकयातों पर हमें निहायत अफसोस है। पर तुमने ही तो एक दिन हमें पढ़ाया था कि होनी मनुष्य के हाथ नहीं होती। हमें तुम्हारा पत्र मिला था। हम भी भाग्य के खेलों में फँसे थे। तुमको समझ न सके। तुम्हारी नेकदिली पर हमें फख्र है। तभी तुम्हें हमने तुम्हारे पद तथा जागीरें बख्श दी हैं।"

तभी रहीम ने जहाँगीर से विनम्रता के साथ कहा—"आलीजाह, मैंने आपके आगरा-दरबार में हाजिर होकर बहुत वर्षों पहले छुट्टी चाही थी। आपने दो साल बाद छुट्टी देने को कहा था। अब मैं बूढ़ा हो गया हूँ। मुझे आप छुट्टी दे दें। मैं अब शान्ति से मरना चाहता हूँ।"

जहाँगीर के सामने सबसे बड़ा प्रश्न महावतखाँ को कुचलने का था। वे रहीम को इसके लिए उपयुक्त व्यक्ति समझते थे। उन्होंने रहीम से कहा—"खानखाना, हमें अपनी बात याद है। तुम्हारी अब छुट्टी है। पर, जानते हो, तुम्हारे लड़के के सिर को काटकर और उसे तरबूज कहकर तुम्हारे पास भेजने वाला महाबतखाँ अभी जिन्दा है। क्या तुम उससे बदला नहीं लोगे?"

महावतखाँ का नाम सुनते ही खानखाना चौंक पड़े। उनके

बूढ़े शरीर में जोश भर आया। वे क्रोध में भरकर बोले–"जहाँ-पनाह, बस आप अधिक याद न दिलाइये। आपके कहने से ही मेरे बेटे का चेहरा और उस पर किया गया जुल्म मेरी आँखों के सामने घूम गया है। दुष्ट महावतखाँ अब बच नहीं पायेगा। मैंने भी यही प्रतिज्ञा की थी कि मैं अपने पुत्र के हत्यारे महावतखाँ को जिन्दा न छोड़ूंगा। मैं राजकाज से मुक्ति पाने से पहले उसको मिटाकर ही दम लूंगा। तभी मुझे शान्ति मिलेगी।"

बुढ़ापे में रहीम में इस जोश को देखकर जहाँगीर दंग रह गये। वे रहीम की प्रशंसा करते हुए बोले—"खानखाना, तुम धन्य हो। तुम्हारा जीवन प्रशंसनीय है। तुम्हारी रस भरी कविता, उदार दानशीलता और हिम्मततथा बहादुरी से घमासान लड़ा-इयों में मिली विजय मुगल-साम्राज्य के इतिहास में हमेशा अमर रहेंगी। तुम महावतखाँ को मारकर अपने जीवन में और यश कमाओ। उसे मिटाने के लिए जितनी फौज चाहिए, उतनी हम से लो।"

खानखाना ने जहाँगीर के दरबार से बिदा ली। वे महा-वतखाँ को पकड़ने की योजना बनाने में लग गये।

२०

महावतखाँ को ठिकाने लगाने के लिए खानखाना ने शाही सेना को चारों ओर भेज दिया। परन्तु वह अपनी चालाकी और होशियारी से बार-बार शाही सेना की आँखों में धूल झोंकता

रहा। सैनिक उसका पीछा करते। वह उन्हें चकमा देकर बच निकला। अब वह दक्षिण में जाकर छिप गया था। अतः उसके पकड़े जाने की आशा पर पानी फिर गया।

खानखाना ने उसे पकड़ने के लिए खुद दक्षिण में जाना चाहा। उनकी आत्मा उसे पकड़ने के लिए बेचैन थी। परन्तु बुढ़ापे का थका-माँदा शरीर उनका साथ नहीं दे रहा था। वे रोगों से घिर गये थे। उनका मन बार-बार दक्षिण में जाने के लिए करता। परन्तु शरीर में घुन की तरह लगो हुई बीमारियों के कारण वे मन मसोसकर रह जाते थे।

जाना बेगम अब रहीम की बहुत देखभाल करती थी। एक दिन जब उसे मालूम पड़ा कि खानखाना दक्षिण में जाना चाहते हैं, तब वह उन्हें समझाते हुए बोली—"अब्बा हुजूर[1], आपने बहुत-सी लड़ाइयाँ लड़ी हैं। आपने सम्राट् अकबर और बादशाह जहाँगीर के लिए साम्राज्य का निर्माण किया है। इन लड़ाइयों ने दुःख, क्लेश, अशान्ति और अपमान के सिवाय आप को और कुछ नहीं दिया। आप सुन्दर विरागी जीवन बिताना चाहते थे। गोस्वामी तुलसीदास जी के समान संत बनना चाहते थे। परन्तु राजनीति के झूठे पचड़ों में पड़कर आपको जीवन का सच्चा सुख और आनन्द नहीं मिल सका। अब आप अपने बुढ़ापे को सुधार सकते हैं। जीवन के बचे हुए दिन प्रभुभक्ति और काव्य-रचना में लगा सकते हैं। परन्तु अब आप पर महावतखाँ से बदला लेने की धुन सवार है।"

१—अब्बा हुजूर=पिताजी।

रहीम ने अपनी बेटी की बातों में कोई रस नहीं लिया। उनको तो बस महावतखाँ को पकड़ने की बातों के सिवाय और कुछ सुनना अच्छा न लग रहा था। वे चुप रहे।

जाना बेगम ने उनसे फिर कहा—"जब मेरे भाई और भतीजे का कत्ल किया गया था, तब ये बादशाह जहाँगीर सो थोड़े ही गये थे। उस वक्त तुम्हें ये कसूरवार माने बैठे थे। ये सब महावतखाँ के हाथ की कठपुतली बने हुए थे। सब स्वार्थ में अन्धे होकर इंसानियत से खेल रहे थे। ये सब कानों में तेल डाले बैठे थे। तभी तो इनके कानों में आह-कराह, चीख-पुकारें नहीं पड़ीं। उस समय इन्हें वफादारी और गद्दारी का अन्तर नहीं मालूम था। आज बादशाह जहाँगीर महावतखाँ के विद्रोह से परेशान हैं। वह पुरानी बाते सुनाकर तुम्हें महावतखाँ से टकराना चाहते हैं और अपना काम बनाने की फिक्र में हैं।"

रहीम ने आज जीवन में पहली बार अपनी बेटी के मुख पर क्रोध की झलक देखी थी। जाना बेगम के शब्दों में उन्हें सच्चाई तो महसूस हुई, परन्तु उनके हृदय में स्वामिभक्ति का भाव कूट-कूटकर भरा हुआ था। वे बोले—"बेटी, मैं जीवन-भर साम्राज्य के प्रति वफादार रहा। वफादारी की कीमत मैंने अपना सब कुछ लुटाकर चुकायी है। तुम मेरी स्थिति को समझो। महावतखाँ को ठिकाने लगाने के सिवाय अब मेरी कोई इच्छा बाकी नहीं है। सम्राट् जहाँगीर ने-मेरे दिल को पढ़ा है। उन्होंने तभी मुझे सहायता दी है। अब ती मुझे महावतखाँ का सिर कलम करके ही शांति मिलेगी।"

जाना बेगम जानती थी कि रहीम धुन के धनी और विचार

के पक्के हैं। वे किसी के आगे झुकनेवाले नहीं हैं। इसलिए वह मौन हो गयी।

२१

मनुष्य की हर इच्छा पूरी नहीं होती। वह सोचता कुछ और होता कुछ और ही है। महावतखाँ रहीम से पकड़ा न जा सका।

अब रहीम दिल्ली में आकर बस गये थे। दिल्ली की एक हवेली में आज उनको खाट पर पड़े-पड़े बहुत दिन बीत गये थे। उनका रोग ठीक होने का नाम ही नहीं लेता था। अब उन्हें अपनी मृत्यु निकट दिखलायी देने लगी।

सहसा उनकी आँखों के सामने बीती घटनाएँ एक-एक कर आने लगीं। वे बहुत देर तक उनमें खोये रहे। तभी उन्होंने करवट बदलीं और वे अपनी बेटी से बोले—"जाना बेटी, मेरा, जीवन दीप अब बुझा ही चाहता है। मैंने अपने जीवन में अनेक उतार-चढ़ाव देखे। मुझे जीवन में सब सुख नसीब हुआ। मेरे आज सब काम पूरे हो गये हैं। मैं महावतखाँ से बदला न ले सका। पर, वह अपने कुकर्मों का फल जरूर पायेगा। मुझे आज तुलसीदास के कहे वचन याद हैं। उनके वचनों से मुझे भी अनुभव हो रहा है कि मेरे मरने के बाद यह संसार मुझे कवि के रूप में ही याद करेगा। हाँ, तुम मेरे मरने के बाद मुझे यहाँ दिल्ली में बने उसी मकबरे में दफ़नाना जो मैंने तुम्हारी माँ के

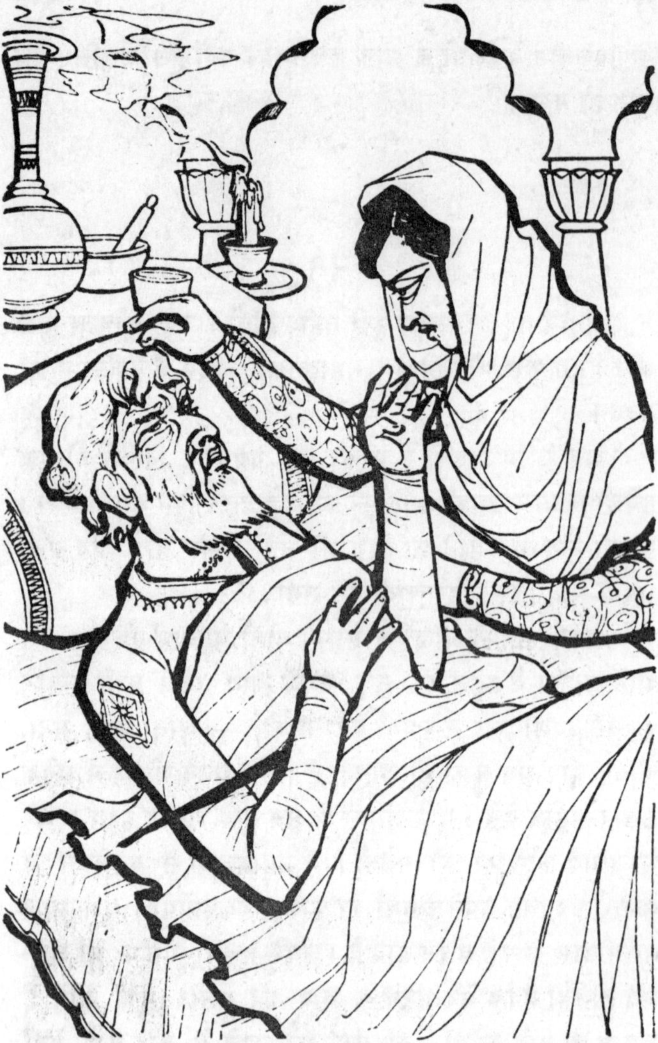

मृत्युशैय्या पर रहीम

लिए बनवाया था। देखो, मेरे कानों में कन्हैया की वंशी की मधुर ध्वनि सुनाई पड़ रही है। वे मुझे बुला रहे हैं।"

और बोलते-बोलते रहीम की आँखें सदा के लिए बंद हो गयीं। उनके प्राण-पखेरू उड़ गये। उनकी आत्मा अपने नश्वर शरीर के पुराने चोले को छोड़ गयी। वह गोलोक में जाकर पर-ब्रह्म कृष्ण में मिल गयी।

जाना बेगम सिसकियाँ भर रही थी। रहीम के मुखमण्डल पर पूर्ण शांति विराजमान थी। उधर आकाश में भी सूर्य अपनी किरणों को समेट कर छिप चुका था।

२२

रहीम जहाँ सच्चे कवि थे वहाँ वे विभिन्न कलाओं के प्रेमी भी थे। चित्रकला, संगीतकला और भवन-निर्माण कला के वे अच्छे पारखी थे, जिसके अनेक प्रमाण मिलते हैं।

दिल्ली में निजामुद्दीन के समीप रहीम के द्वारा निर्मित उनका अपना मकबरा आज भी अनेक कहानी कहते हुए खड़ा है। यह मकबरा टूटी-फूटी हालत में होते हुए भी रहीम के जीवन, चरित्र, गुणों एवं कलाप्रियता का जीता जागता प्रमाण है।

रहीम की कब्र तक जाने के लिए एक सीढ़ीदार अँधेरा रास्ता है। इस मकबरे के अँधेरे तहखाने में रहीम की कब्र है। इस मकबरे में ही स्थान-स्थान पर उनके अन्य सम्बन्धियों को भी दफनाया गया था। बाहर से सीढ़ियाँ चढ़कर ऊपर जाकर

पहली मंजिल पर रहीम की कब्र का ताबीज (चबूतरा) बना हुआ है। यह चबूतरा वर्गाकार है, जिस तक पहुँचने के लिए चारों ओर चार बड़े-बड़े दरवाजे बने हैं। चबूतरे के ठीक ऊपर बहुत ऊँचा गोल गुम्बद बना हुआ है। ऊपर दीवार पर चारों ओर पच्चीकारी का काम है। तीसरी मंजिल के चारों ओर बुर्ज बने हुए हैं, जिन पर सुन्दर खुदाई का काम अब भी सुरक्षित है।

रहीम का मकबरा

इसी मंजिल से गुम्बद की गोलाई शुरू हो जाती है जो कि ऊपर जाकर कुछ-कुछ नुकीली हो जाती है।

सब कुछ मिलाकर यह कहा जा सकता है कि इस मकबरे की बनावट में भी हिन्दू-मुस्लिम संस्कृति का सुन्दर समन्वय है, जो कि रहीम के विचारों से पूरा मेल खाता है।

इस मकबरे की शिल्पकला और चित्रकारी से यह बात

स्पष्ट हो जाती है कि रहीम ने भारतीय संस्कृति को अपने जीवन में बहुत गहराई तक उतार लिया था। बुर्ज के स्तम्भों पर जो पच्चीकारी की गयी हैं उसमें बौद्ध-गुप्त-राजपूत और मुगल-कालीन शिल्प-शैलियों का पूरा अनुकरण किया गया है। इससे तथा रहीम की रचनाओं से यह बात ज्ञात होती है कि उन्हें वैदिक काल से लेकर अपने जीवन काल तक की भारतीय संस्कृति के विविध रूपों का अच्छा ज्ञान था।

मुगलकालीन शिल्पकला की दृष्टि से इस मकबरे का विशेष स्थान है। ऐसा कहा जाता है कि मुगल-सम्राट् शाहजहाँ ने ताजमहल बनाते समय इस मकबरे से भी प्रेरणा ली थी। ताजमहल की तरह से इसकी देखभाल न हो सकी। आसफुद्दौला के काल में इस भवन के आभूषण समान कीमती वस्तुएँ तथा संगमरमर आदि उखाड़ लिए गये और यह सज्जाहीन हो गया।

० ०

परिशिष्ट (१)

'रहीम के दोहे वृन्द और गिरधर के पद्यों के समान कोरी नीति के पद्य नहीं हैं। उनमें मार्मिकता है, उनके भीतर एक सच्चा हृदय झाँक रहा है।'

—आचार्य रामचन्द्र शुक्ल

'रहीम के नीतिपूर्ण दोहे और चुटीले बरवै हिन्दी जगत में उतने ही लोकप्रिय हैं जितनी तुलसी की चौपाइयाँ, कबीर की साखी, सूर के पद और बिहारी के दोहे।'

—डा० समर बहादुरसिंह

: दोहे :

अनुचित उचित रहीम लघु, करहिं बड़न के जोर।
ज्यों ससि के संयोग ते, पचवत आग चकोर ॥१॥

रहीम कहते हैं कि बड़ों का सहारा पाकर छोटे मनुष्य असम्भव को भी सम्भव कर डालते हैं। जैसे कि चकोर चन्द्रमा के सहयोग से ही आग को पचा जाता है।

(चकोर के बारे में यह प्रसिद्ध है कि वह चन्द्रमा पर मुग्ध है और चन्द्रमा की किरणों को पीता है। चन्द्रमा की किरणों के भ्रम में वह अँगारे भी खा जाता है।)

अमरबेलि बिनु मूल की, प्रतिपालत है ताहि।
रहिमन ऐसे प्रभुहिं तजि, खोजत फिरिए काहि ॥२॥

रहीम कहते हैं कि अमरबेल बिन जड़ के होती है। फिर भी वह ईश्वर उस बेल को पालता है। इसलिए हे अज्ञानी मनुष्य, तू ऐसे प्रभु को छोड़कर और किसी को क्यों इधर-उधर खोजने में भटकता फिरता है।

उरग, तुरग, नारी, नृपति, नीच जाति हथियार।
रहिमन इन्हें सँभारिए, पलटत लगै न बार ॥३॥

उरग = सर्प।

रहीम कहते हैं कि सर्प, घोड़ा, नारी, राजा, नीच पुरुष एवं हथियार इन्हें सदा संभालकर रखना चाहिए। इन्हें पलटते हुए देर नहीं लगती।

ए रहीम दर दर फिरहिं माँगि मधुकरी खाहिं।
यारों यारी छोड़िए, वे रहीम अब नाहिं ।।४।।

मधुकरी=रोटी।

रहीम बड़े दानी थे। समय के कारण वे निर्धन हो गये। माँगने वाले लोग फिर भी इन्हें तंग किया करते थे। वे अब भी रहीम को धनिक समझ कर धन माँगते थे। ऐसी स्थिति में रहीम ने यह दोहा कहा है।

रहीम कहते हैं कि मैं तो अब दर-दर पर रोटी माँगकर खाता हूँ। अतः हे मित्रों ! मुझसे मित्रता छोड़ दो। मैं अब तुम्हारी याचनाओं को पूरी नहीं कर सकता। मेरी स्थिति अब पहले की सी नहीं है।

कदली, सीप, भुजंग मुख, स्वाति एक गुण तीन।
जैसी संगति बैठिये, तैसोई फल दीन ।।५।।

रहीम कहते हैं कि मनुष्य जैसी संगति में बैठता है उस पर वैसा ही प्रभाव पड़ जाता है। स्वाति नक्षत्र में बरसी हुई वर्षा की बूंदें केले, सीप और भुजंग के मुंह में पड़ जाने पर तीन भिन्न रूप में देखने को मिलती हैं। यदि वह केले में पड़ जाती है तो कपूर बन जाती है, सीप में पड़कर मोती उत्पन्न कर देती है और सर्प के मुंह में विष का रूप धारण कर लेती है। अर्थात् जैसी संगति मिलेगी वैसा ही गुण उत्पन्न होगा।

कहि रहीम संपति सगे, बनत बहुत बहु रीत।
बिपति-कसौटी जे कसे, सोही साँचे मीत ।।६।।

रहीम कहते हैं कि समृद्धि के समय मनुष्य के अनेक साथी हो जाते हैं और बहुत से मनुष्य उससे अनेक रीतियों से अपना सम्बन्ध स्थापित कर लेते हैं। परन्तु सच्चा मित्र तो वही है जो विपत्ति में भी काम आता है। अर्थात् सच्चे मित्र को परखने की कसौटी विपत्ति ही है।

कहु रहीम कैसे निभै, बेर केर को संग।
वे डोलत रस आपने, उनके फाटत अंग ॥७॥

केर=केले का पेड़। बेर=बेर की कटीली झाड़ियाँ। निभै=निभाना।

रहीम कहते हैं कि केला और बेर का साथ कैसे निभ सकता है। जब बेर की कटीली झाड़ियाँ हिलती हैं तब केले के चिकने पत्ते फट जाते हैं। इसी प्रकार विरोधी स्वभाव के मनुष्यों में कभी भी मेल-जोल नहीं हो सकता। दुष्ट आदमियों की संगति से सज्जनों को कष्ट उठाना पड़ता है।

काज परै कछु और है, काज सरै कछु और।
रहिमन भँवरी के भए, नदी सिरावत मौर ॥८॥

रहीम कहते हैं कि इस संसार में अपना मतलब निकल जाने पर मनुष्य का व्यवहार बदल जाता है। वह काम पड़ने पर तो किसी का सम्मान करता है। किन्तु काम निकल जाने के बाद उसी के साथ अन्य प्रकार का व्यवहार करने लगता है। जिस मौर को विवाह के समय आदर के साथ सिर पर बाँधा जाता है, कार्य होने के बाद उसी को नदी में बहा दिया जाता है।

कौन बड़ाई जलधि मिलि, गंग नाम भो धीम।
केहि की प्रभुता नहिं घटी, पर घर गए रहीम ॥९॥

रहीम कहते हैं कि गंगाजी को समुद्र में मिलकर कोई महानता नहीं मिली। उल्टे के तो समुद्र में समाकर अपने नाम की महत्ता को कम कर बैठीं। ठीक इसी प्रकार दूसरे के घर जाने पर किस की महानता नहीं घटती है अर्थात् कम होती है।

खीरा सिर तें काटिए, मलियत नमक बनाय।
रहिमन करुए मुखन को, चहियत इहै सजाय ॥१०॥

खीरे का सिर काटकर फिर उसे नमक लगाकर मला जाता है जिससे कि उसका कड़ुआपन दूर हो जाये। रहीम कहते हैं कि कड़वे मुख वालों के लिए यही दण्ड उचित है।

खैर, खून, खाँसी खुसी, बैर प्रीत, मदपान।
रहिमन दाबे ना दबैं, जानत सकल जहान ॥११॥

रहीम कहते हैं कि कुशल-क्षेम, हत्या, खाँसी, प्रसन्नता, शत्रुता, प्रेम और शराब पीना—ये छिपाने से नहीं छिपते। इस बात को सारा संसार जानता है।

छमा बड़न को चाहिए, छोटन के उतपात।
का रहीम हरि को घट्यो जो भृगु मारी लात ॥१२॥

छोटे मनुष्यों के उपद्रवी स्वभाव के सामने बड़े मनुष्यों को क्षमाशील होना चाहिए। यदि भृगु ऋषि ने भगवान विष्णु की छाती में लात मार दी तो इससे भगवान का क्या घट गया?

छोटन सों सोहें बड़े कहि रहीम यह रेख।
सहसन को हय बाँधियत, ले दमरी की मेख ॥१३॥

सोहें=शोभित होते हैं। रेख=पक्की बात। सहसन=हजारों। हय=घोड़ा। बाँधियत=बाँधते हैं। मेख=खूंटी।

रहीम कहते हैं कि छोटों से ही बड़ों की शोभा होती है, यह पक्की बात है। जैसे हजारों रुपये के घोड़े को लेकर उसे दमड़ी की खूंटी में बाँध दिया जाता है।

जिहि अँचल दीपक दुर्‌यो, हन्यो सो ताही गात।
रहिमन असमय के परे, मित्र शत्रु ह्वै जात ॥१४॥

रहीम कहते हैं कि जिस वस्त्र की ओट में दीपक को छिपाकर और हवा से बचाकर एक स्थान से दूसरे स्थान पर ले जाया जाता है, वही वस्त्र बुरे समय में झटककर दीपक को बुझा देता है। बुरे समय के आने पर मित्र भी शत्रु बन जाते हैं।

जैसी परै सो सहि रहै, कहि रहीम यह देह।
धरती ही पर परत है, सीत, घाम औ मेह ॥१५॥

रहीम कहते हैं कि इस शरीर को जैसी स्थिति का सामना करना पड़े वैसी स्थिति को सहन कर लेना चाहिए। शीत, धूप और वर्षा सब इस पृथ्वी पर ही तो पड़ते हैं।

जो रहीम उत्तम प्रकृति, का करि सकत कुसंग।
चंदन विष व्यापत नहीं, लपटे रहत भुजंग ॥१६॥

रहीम कहते हैं कि जो व्यक्ति उत्तम स्वभाव वाले होते हैं उनका बुरे स्वभाव वाले कुछ भी नहीं बिगाड़ सकते हैं। जैसे चन्दन के पेड़ पर लिपटे रहने वाले विषैले सर्प चन्दन के वृक्ष पर कुछ भी प्रभाव नहीं डाल सकते हैं।

जो रहीम ओछो बढ़ै, तो अति ही इतराय।
प्यादे सो फरजी भयो, टेढ़ो टेढ़ो जाय ॥१७॥

इतराय=घमण्ड करना। प्यादा=सवार। फरजी=वजीर। ओछो=तुच्छ।

रहीम कहते हैं कि यदि तुच्छ व्यक्ति धन सम्पत्ति प्राप्त करके बढ़ जाता है तो वह घमण्डी बन जाता है। उदाहरण के लिए शतरंज के खेल में प्यादा सीधी चाल चलता है। परन्तु जब वह वजीर बन जाता है तब उसकी चाल टेढ़ी हो जाती है।

जो रहीम गति दीप की, कुल कपूत-गति सोय।
बारे उजियारो लगे, बढ़े अँधेरो होय ॥१८॥

कपूत=कुपुत्र, बुरा बेटा। उजियारो=उजियाला। बारे=जलने पर, बचपन में। बढ़े=उम्र में बढ़ना, बुझना।

रहीम कहते हैं कि दीपक और कुपुत्र की दशा एक सी होती है। दीपक जलने पर उजियाला करता है और कुपुत्र बचपन में घर का उजियाला

समझा जाता है। बचपन में वह कुपुत्र अपनी चंचल बातों से माता-पिता को प्रसन्न करता रहता है। परन्तु जैसे दीपक बुझाने पर घर में अन्धकार छा जाता है वैसे ही कुपुत्र के बड़े होने पर उसके कुलक्षण प्रकट होते हैं तो सारे परिवार में निराशा का अन्धकार छा जाता है।

ज्यों नाचत कठपूतरी, करम नचावत गात।
अपने हाथ रहीम ज्यों, नहीं आपुने हाथ ॥१६॥

रहीम कहते हैं कि जैसे कठपुतली का खेल दिखलाने वाला उसे अपने इशारों से अनेक प्रकार से नचानचाकर दर्शकों को प्रसन्न किया करता है, ठीक इसी प्रकार से कर्म भी मनुष्य को नचाया करते हैं। इतना ही नहीं, हमारे हाथ अपने होते हुए भी अपने नहीं हैं। वे कर्म के आधीन होकर उसके संकेत पर ही काम करते हैं।

टूटे सुजन मनाइए, जौ टूटे सौ बार।
रहिमन फिर फिर पोइए, टूटे मुक्ताहार ॥२०॥

मोतियों की माला के मोती टूट जाने पर उन्हें बार-बार पिरोया और गूंथा जाता है। ठीक इसी प्रकार रहीम कहते हैं कि प्रेमियों के रूठ जाने पर यदि वे सौ बार भी रूठें तो भी उन्हें मनाना चाहिए।

तबहीं लौ जीबो भलो, दीबो होय न धीम।
जग में रहिबो कुचित गति, उचित न होय रहीम ॥२१॥

इस संसार में तब तक ही जीवित रहना अच्छा है जब तक कि दान देने की शक्ति धीमी न पड़े। रहीम कहते हैं कि इस संसार में मुझे बिना दान किये जीवित रहना अच्छा नहीं लगता।

तरुवर फल नहि खात हैं, सरवर पियहिं न पान।
कहि रहीम पर काज हित, संपति सँचहि सुजान ॥२२॥

वृक्ष अपने फल स्वयं नहीं खाते और तालाब अपना पानी स्वयं नहीं

पाते। रहीम कहते हैं कि सज्जन लोग परोपकार के लिए ही अपनी सम्पत्ति को जोड़ते हैं।

दीन सबन को लखत है, दीनहिं लखै न कोय।
जो रहीम दीनहिं लखै, दीनबन्धु सम होय ॥२३॥

निर्धन मनुष्य सबकी ओर देखता है परन्तु निर्धन की ओर कोई भी नहीं देखता है। रहीम कहते हैं कि जो मनुष्य निर्धन को देखता है, वह दीन-बंधु (भगवान) के समान होता है।

निज कर क्रिया रहीम कहि, सिधि भावी के हाथ।
पाँसें अपने हाथ में, दाँव न अपने हाथ ॥२४॥

रहीम कहते हैं कि कर्म करना मनुष्य के हाथ में है। वह पूर्ण शक्ति के साथ कार्य की सफलता के लिए प्रयत्न कर सकता है। परन्तु फल-प्राप्ति उसके हाथ में नहीं है। फल-प्राप्ति तो भविष्य पर निर्भर है। जैसे चौपड़ के खेल में पासे डालना अपने हाथ में होने पर भी दाँव अपने हाथ में नहीं है।

पात–पात को सींचिबो, बरी–बरी को लौन।
रहिमन ऐसी बुद्धि तें, काज सरैगो कौन ॥२५॥

बरी=बड़ी (उड़द की दाल को पीसकर बनने वाली वस्तु)।

रहीम कहते हैं कि केवल पत्तों पर पानी छिड़कने अथवा बड़ी-बड़ी पर नमक लगाने से काम सफल नहीं हो सकता।

पावस देखि रहीम मन, कोइल साधै मौन।
अब दादुर वक्ता भए, हमको पूछत कौन ॥२६॥

पावस=वर्षा ऋतु। दादुर=मेंढ़क। वक्ता=बोलने वाले।

रहीम कहते हैं कि वर्षा ऋतु को देखकर कोयल मौन धारण करके चुप हो गयी है। उसने सोच लिया है कि इस वर्षाकाल में तो मेंढक ही वक्ता

हो गये हैं। अब उनकी टर्र-टर्र में हमें कौन पूछेगा। इसी प्रकार विद्वान् मनुष्य मूर्खों की तूती बजती देखकर शांत हो जाता है।

बड़े बड़ाई न करैं, बड़ो न बोलैं बोल।
रहिमन हीरा कब कहे, लाख टका मेरो मोल ॥२७॥

रहीम कहते हैं कि बड़े आदमी अपने मुँह से अपनी महानता का वर्णन नहीं करते और न बढ़-चढ़कर ही बातें करते हैं। उनका कार्य ही उनका गौरव प्रकट करा देता है। जैसे कि हीरा यह कब कहता है कि मेरा मूल्य लाख टका है। उसकी यह कीमत तो जौहरी ही आँकता है।

बिगरी बात बनै नहीं, लाख करै किन कोय।
रहिमन फाटे दूध को, मथे न माखन होय ॥२८॥

बिगड़ी बात को बनाने के लिए चाहे कोई लाख चतुराई करे परन्तु वह नहीं बनती। रहीम कहते हैं कि फटे हुए दूध को मथने से मक्खन नहीं बनता।

मान सहित विष खाय के, संभु भए जगदीस।
बिना मान अमृत पिए, राहु कटायो सीस ॥२९॥

संभु=महादेव। जगदीश=जगत के स्वामी, शिवजी।

रहीम कहते हैं कि मान का बड़ा महत्व है। जब देवताओं और दैत्यों द्वारा समुद्र-मंथन करने के बाद विष निकला तो उससे पृथ्वी जलने लगी। सबकी विनती पर शंभु भगवान ने जगत की रक्षा के लिए उस विष को पी लिया। इसलिए महादेव जी का नाम जगदीश्वर हुआ। इसके विपरीत उसी समुद्र-मंथन से निकले हुए अमृत का पान दैत्य राहु ने देवता का रूप धरकर और धोखा देकर कर लिया। भगवान विष्णु को जब इस बात का पता चला तो उन्होंने सुदर्शन चक्र से राहु के सिर को काट दिया। अर्थात् आदर सहित विषपान करना अच्छा है किन्तु निरादर से अमृतपान करना बुरा है।

मांगे घटत रहीम पद, कितो करो बढ़ि काम।
तीन पैंड़ वसुधा करी, तऊ बावनै नाम ॥३०॥

घटत=कम होना। कितो=कितना। पैंड़=पैर।

रहीम कहते हैं कि मांगने से सबकी महत्ता कम हो जाती है। भले ही मांगने वाला कितना ही महान क्यों न हो। भगवान विष्णु ने राजा बलि के यहां बावन अंगुल का शरीर धारण करके यद्यपि तीन पैरों में ही सारी पृथ्वी को नाप लिया था तथापि उनका नाम बावन (बौना) ही रह गया।

यों रहीम सुख होत है, उपकारी के अंग।
बांटन वारे को लगे ज्यों मेंहदी को रंग ॥३१॥

रहीम कहते हैं कि भलाई करने वाले व्यक्ति के शरीर को ऐसा सुख होता है, जैसे कि मेंहदी बांटने वाले को मेंहदी बांटते समय उसका रंग लग जाता है।

रहिमन अपने पेट सों, बहुत कह्यो समुझाय।
जो तू अनखाए रहे, तोसों को अनखाय ॥३२॥

अनखाए=बिना भोजन किये। अनखाय=क्रोध करे।

रहीम कहते हैं कि मैंने अपने इस पेट से बहुत बार समझा कर कहा है कि यदि तू बिना भोजन किये हुए रह सके तो फिर कोई भी तुझ पर क्रोध न करे।

रहिमन अपने गोत को, सबै चहत उत्साह।
मृग उछरत आकास को, भूमी खनत बराह ॥३३॥

रहीम कहते हैं कि संसार में प्रत्येक जीव अपनी जाति की महानता का उत्साह से अनुकरण करना चाहता है। इसी से मृग चन्द्रमा के रथ में जुते हुए मृगों को देखकर आकाश की ओर उछला करते हैं भगवान ने वराह (सुअर) अवतार लेकर दैत्यराज हिरण्याक्ष को मार कर पृथ्वी की रक्षा की थी। ये शूकर उन्हीं को खोजने के लिए भूमि खोद रहे हैं।

रहिमन ओछे नरन सों, बैर भली ना प्रीत।
काटे चाटै स्वान के, दोउ भाँति विपरीत ॥३४॥

रहीम कहते हैं कि नीच मनुष्यों से प्रेम और शत्रुता दोनों ही छोड़ देनी चाहिए। कुत्ते का काटना और चाटना दोनों ही बुरे होते हैं। (कुत्ते के काटने से दुःख होता है और चाटने से शरीर अपवित्र हो जाता है।)

रहिमन अँसुवा नयन ढरि, जिय दुख प्रगट करेइ।
जाहि निकारो गेह ते, कस न भेद कहि देइ ॥३५॥

रहीम कहते कि नेत्रों से अश्रु निकलकर हृदय के दुःख को प्रकट कर देते हैं। अर्थात् आँसुओं को आँखों से बाहर निकलते देखकर सभी यह जान लेते हैं कि यह मनुष्य दुःखी है। यह सत्य है कि जिसको घर से निकाल दिया जाता है, तो वह हमारे भेद को क्यों न कहेगा अर्थात् अवश्य कहेगा।

रहिमन कबहुँ बड़ेन के, नाहिं गर्व को लेस।
भार धरें संसार को, तऊ कहावत सेस ॥३६॥

रहीम कहते हैं कि बड़े व्यक्तियों को गर्व का लेशमात्र भी अनुभव नहीं होता। संसार के भार को धारण करने वाली शक्ति शेषनाग के नाम से जानी जाती। महान् व्यक्ति गर्वरहित होते हैं।

रहिमन कठिन चितान ते, चिन्ता को चित चेत।
चिता दहति निर्जीव को, चिन्ता जीव समेत ॥३७॥

रहीम कहते है कि मन में उत्पन्न चिन्ता चिता से बढ़कर होती है। चिता तो मरे हुए मनुष्य को जलाती है, परन्तु चिन्ता उससे भी बड़कर है। वह जीवित मनुष्य को ही जला डालती है।

रहिमन चाक कुम्हार को, माँगे दिया न देइ।
छेद में डंडा डारि कै, चहै नाँद लै लेइ ॥३८॥

दिया=दीपक।

रहीम कहते कि माँगने से कुम्हार का चाक एक छोटा दीपक भी तो नहीं देता। उसी चाक के छेद में डण्डा डालकर घुमाने पर चाहो तो नाँद भी उतार सकते हो। कवि का तात्पर्य है कि चाहे कितना ही परिश्रम करो दुष्ट लोग बिना ताड़ना के रास्ते पर नहीं ग्राते।

रहिमन चुप ह्वै बैठिए, देख दिनन को फेर।
जब नीके दिन ग्राइहैं, बनत न लगिहै देर।।३६।।

रहीम कहते हैं कि समय के फेर को देखकर शांत होकर बैठ जाना चाहिए। जब ग्रच्छे दिन ग्रायेंगे तो काम के स्वयं बन जाने में देर नहीं लगेगी।

रहिमन देखि बड़ेन को, लघु न दीजिए डारि।
जहाँ काम ग्रावे सुई, कहा करै तरवारि।।४०।।

रहीम कहते हैं कि बड़ी वस्तुग्रों को देखकर हमें छोटी वस्तुग्रों को त्यागना नहीं चाहिए। क्योंकि जहाँ काम छोटी सुई का हो वहाँ तलवार क्या कर सकती है।

रहिमन निज मन की बिथा, मन ही राखो गोय।
सुनि इठिलैहैं लोग सब सब, बाँटि न लैहै कोय।।४१।।

इठिलैहें=हँसी करेंगे। गोय=छिपाकर।

रहीम कहते हैं कि हमें ग्रपने हृदय की वेदना को हृदय में ही छिपाकर रखनी चाहिए। यदि हम लोगों को उसे सुनायेंगे तो वे उसे सुनकर हंसी ही उड़ायेंगे, कोई उस दुःख को बाँटेगा नहीं।

रहिमन निज सम्पति बिना, कोउ न बिपरीत सहाय।
बिनु पानी ज्यों जलज को, नहिं रवि सकै बचाय।।४२।।

रहीम कहते है कि यदि ग्रपने पास धन नहीं है तो मुसीबत के समय

हमारी कोई भी सहायता नहीं करता। बिना पानी के कमल को सूर्य भी नहीं बचा सकता है।

रहिमन पर-उपकार के, करत न यारी बीच।
मांस दियो शिवि भूप ने, दीन्हों हाड़ दधीच ॥४३॥

करत न यारी बीच=मोह माया नहीं दिखाते। पूर्ण त्याग दिखाते हैं।

रहीम कहते हैं कि परोपकार करते समय पूर्ण त्याग दिखलाना चाहिए। परोपकार के लिए राजा शिवि ने अपने शरीर का मांस काटकर दे डाला। देवताओं के मांगने पर दधीचि ऋषि ने प्रसन्नता पूर्वक अपने शरीर का मोह त्यागकर उन्हें अपनी हड्डियां दे दीं।

रहिमन पानी राखिए, बिनु पानी सब सून।
पानी गए न ऊबरे, मोती मानुष, चून ॥ ४४॥

रहीम कहते हैं कि मनुष्य को अपना पानी (सम्मान) बनाये रखना चाहिए। बिना सम्मान के संसार में सब सूना है अर्थात् पानी (सम्मान) के बिना जीवन सारहीन है। वे कहते हैं कि पानी (चमक) उतर जाने से मोती का कोई मूल्य नहीं रहता, बिना पानी (प्रतिष्ठा) के न रहने पर मनुष्य का कोई महत्व नहीं होता और पानी (जल) के न होने पर आटा व्यर्थ रहता है।

रहिमन प्रीति सराहिए, मिले होत रँग दून।
ज्यों जरदी हरदी तजै, तजै सफेदी चून ॥४५॥

दून=दूना। जरदी=पीलापन। हरदी=हल्दी। चून=चूना।

इस दोहे में रहीम ने सच्चे प्रेम का आदर्श प्रस्तुत किया है। सच्चा प्रेम दिन प्रति दिन गहरा होता चला जाता है।

रहीम कहते हैं कि वही प्रेम प्रशंसा करने योग्य है जो प्रेमियों के मिलने पर और अधिक गहरा हो जाता है, जिस प्रकार हल्दी और चूने के मिलाये जाने पर हल्दी अपना पीलापन छोड़ देती है और चूना अपना सफेद रंग

छोड़ देता है। दोनों लाल रंग के हो जाते हैं।

रहिमन माँग बड़ेन की, लघुता होत अनूप।
बलि मख माँगन को गए, धरि बावन को रूप ॥४६॥

रहीम कहते हैं कि माँगने से बड़ों की महानता घटती है। यहाँ तक कि भगवान विष्णु भी जब राजा बलि के यहाँ माँगने गये थे तब उनको भी बावन (बौना) रूप धारण करना पड़ा था।

रहिमन याचकता गहे, बड़े छोट ह्वै जात।
नारायनहू को भयो, बावन आँगुर गात ॥४७॥

रहीम कहते हैं कि माँगने से महानता में कमी आ जाती है, बड़े मनुष्य भी छोटे हो जाते हैं। दैत्यराज बली के यहाँ याचना करते समय भगवान विष्णु को भी बावन अंगुल का शरीर धारण करना पड़ा था।

रहिमन यों सुख होत है, बढ़त देखि निज गोत।
ज्यों बड़री अँखियाँ निरखि, आँखिन को सुख होत ॥४८॥

रहीम कहते हैं कि अपनी जाति के लोगों की उन्नति देखकर स्वजातियों को इस प्रकार आनन्द होता है जिस प्रकार बड़ी-बड़ी आँखों को देखकर देखने वाली आँखों को भी आनन्द मिलता है।

रहिमन रहिला ही भली, जो परसै चित लाय।
परसत मन मैला करे, सो मैदा जरि जाय ॥४९॥

रहिला=चने की रोटी।

रहीम कहते हैं कि प्रेमपूर्वक दी गयी चने के चून की रोटी अच्छी है। इसके विपरीत मैदा की वह रोटी अच्छी नहीं जिसे अपमान के साथ दिया गया हो। अर्थात् सम्मान के साथ किसी का रूखा सूखा भी खाना परम रुचिकर रहता है और अपमान से खाने से तो भूखे पेट रहना ही ठीक है।

रहिमन विपदाहू भली, जो थोरे दिन होय।
हित अनहित या जगत में, जान परत सब कोय ।।५०।।

रहीम कहते हैं कि यदि थोड़े दिन के लिए विपत्ति आये तो वह अच्छी है। उस विपत्ति के आने पर इस संसार में भला (मित्र) और बुरा (शत्रु) सहज ही में पहिचाना जा सकता है।

लोहे की न लुहार की, रहिमन कही विचार।
जो हनि मारे सीस पै, ताही को तरवार ।।५१।।

रहीम कहते हैं कि तलवार न तो लोहे की है और न लुहार की है। वह तो उस पुरुष की है जो उससे प्रहार करता है। अर्थात् जो तलवार से जितनी अधिक वीरता दिखलायेगा उसकी उतनी ही सराहना होगी।

एक साधे सब सधै, सब साधे सब जाय।
रहिमन मूलहि सींचिबो, फूलहि फलहि अघाय ।।५२।।

एक ईश्वर की सच्ची भक्ति करने से सभी (देवता) सिद्ध हो जाते हैं और मनुष्य का हर प्रकार से कल्याण होता है। इसके विपरीत यदि सभी देवताओं की साधना करने से कुछ भी प्राप्त नहीं होता और परिश्रम भी व्यर्थ जाता है। रहीम कहते हैं कि वृक्ष की जड़ को सींचने पर ही वृक्ष फूलों और फलों से भर जाता है। यदि वृक्ष की जड़ को छोड़कर उसके पत्तों को सींचा जाता है तो सारा परिश्रम व्यर्थ हो जाता है।

: बरवै :

बन्दो देवि सरदवा, पद कर जोरि।
बरनत काव्य बरैवा, लगइ न खोरि ।।१।।

रहीम विद्या और ज्ञान की देवी सरस्वती की वंदना करते हुए कहते हैं कि मैं देवी सरस्वती के चरणों में हाथ जोड़कर वंदना करता हूँ। वे मुझ पर कृपा करें जिससे कि मेरी बरवै छंद में लिखा यह काव्य उत्तम बन सके। इसमें किसी प्रकार का दोष न रहे।

ध्यावहुँ सोच—विमोचन, गिरिजा ईस।
नागर भरन त्रिलोचन, सुरसरि सीस ।।२।।

रहीम भगवान शिवजी की स्तुति करते हुए कहते हैं कि पार्वतीजी के पति, तीन नेत्र वाले, संकट को दूर करने वाले, जिनके सिर पर गंगाजी विराजमान हैं, उनकी मैं वंदना करता हूँ।

पुनि पुनि बन्दहु गुरु के, पद जलजात।
जिहि प्रताप ते मन कै, तिमिर बिलात ।।३।।

रहीम कहते हैं कि मैं बार-बार अपने गुरु के चरण कमलों की वन्दना करता हूँ। गुरु के उन चरणों के प्रताप से मन का अज्ञानरूपी अन्धकार नष्ट होता है।

कहियो पथिक संदिसवा, गहि के पाय।
मोहन तुम बिन तनकहुँ रह्यो न जाय ।।४।।

कृष्ण के विरह में व्याकुल राधा किसी पथिक को संदेश देती हुई कह रही है कि हे पथिक, तू हमारे उन प्रभु के चरण पकड़कर हमारा संदेश देना। उनसे कहना कि हे मन को मोहित करने वाले मनमोहन, तुम्हारे बिना अब हमसे तनिक भी रहा नहीं जाता है।

भज रे मन नन्द—नंदन, विपत विदार।
गोपीजन मन—रंजन, परम उदार ।।५।।

हे मन ! तू दुःखों को नष्ट करने वाले, गोपियों के मन को आनन्दित करने वाले, अति दयालु नन्द के पुत्र भगवान आनन्दकंद श्रीकृष्णचंद्र का भजन कर।

भज मन राम सियापति, रघुकुल ईस।
दीनबन्धु दुख तारन, कौशल धीस ॥६॥

हे मन ! तू सीतापति, रघुकुल के स्वामी, दीनों के बंधु, दुखों को नष्ट करने, कौशलाधीश भगवान राम का भजन कर।

मानुष तन अति दुर्लभ, सहजहि पाय।
हरि भज कर सत्संगति, कह्यो जताय ॥७॥

रहीम कहते हैं कि यह मानव तन अति कठिनता ते प्राप्त होता है। किन्तु मेरी (रहीम की) समझ में यदि हरि-भजन और सत-संगति की जाय तो यह मानव तन आसानी से ही मिल सकता है।

○ ○

परिशिष्ट (२)

रहीम

का सार रूप में

जीवन-वृत्त

नाम—मिर्जाखाँ अब्दुररहीम खानखाना

पिता—खानखाना बैरामखाँ (जो सम्राट् अकबर का संरक्षक था।

जन्म—१७ दिसम्बर, सन् १५५६ ई०। ४ वर्ष की आयु में पिता का देहान्त हो गया, माता पहले ही मर चुकी थी। सितम्बर १५६१ ई० को रहीम सम्राट् अकबर की सेवा में उपस्थित हुआ। बादशाह ने विरोध के बावजूद रहीम का बड़े स्नेह और आदर से स्वागत किया। तभी से सम्राट् अकबर ने लालन-पालन भार अपने ऊपर ले लिया।

मृत्यु—सन् १६२७ ई०

शिक्षा—अरबी, फारसी, तुर्की, संस्कृत, हिन्दी, ब्रज, अवधी, खड़ी बोली आदि १३ भाषाओं का अच्छा ज्ञान।

विवाह—अकबर की धाया जीजी माहम अंगा की बेटी और

खाने आजम कोका की बहन बेगम माहेबानू से विवाह हुआ।

परिवार—पुत्री–जाना बेगम जिसका विवाह सम्राट् अकबर के पुत्र दानियाल से हुआ।

पुत्र—(१) शाहनवाजखाँ, (२) रहमानदाद व (३) दराबखाँ आदि।

भाग्योदय और पद प्राप्ति—गुजरात विजय पर गुजरात की सूबेदारी, पंचहजारी मनसबदारी तथा खानखाना के पद की प्राप्ति। उदयपुर को जीतनें पर 'मीर अर्ज़' का पद। कुछ समय तक अजमेर की सूबेदारी। सिन्धु प्रदेश विजित करने पर मुलतान की जागीर उपलब्ध हुई। राजा टोडरमल की मृत्यु के बाद 'वकील' का ओहदा मिला।

'वाकयात बाबरी' का तुर्की भाषा से फ़ारसी में अनुवाद करने पर जौनपुर का जिला पुरस्कार में मिला। दक्षिण में विजय प्राप्त कर खानदेश, बरार और अहमदनगर की सूबेदारी तथा 'सात हजारी मनसबदारी' का पद मिला।

भाग्य परिवर्तन—नूरजहाँ के शासिका बनने पर रहीम को अनेक उतार-चढ़ाव देखने पड़े। चित्रकूट निवास। पत्नी की मृत्यु। अनेक यातनाओं के शिकार। जहाँगीर की कृपा से पुनर्सम्मान।

रहीम के हिन्दी काव्य-ग्रन्थ—'दोहावली', 'नगर शोभा', 'बरवै', 'बरवै-नायिकाभेद', 'मदनाष्टक', श्रृंगार सोरठा', 'फुटकर छंद', 'रहीम काव्य' आदि।

काव्य विषय—कृष्ण भक्ति, नीति की सूक्तियाँ एवं उक्तियाँ, प्रेम, ज्ञान एवं वैराग्य।

भाषा—ब्रजभाषा जिसमें अरबी, फारसी, एवं संस्कृत के शब्दों का भी प्रयोग है।

छन्द—दोहा, बरवै, कवित्त, सवैया, सोरठा आदि।

०